Notwehr -
Entscheidung,
Umsetzung
und Rechtfertigung

Armin Hutter

1. Auflage 2022

Inhaltsverzeichnis

Bibliografische Information der Deutschen Nationalbibliothek: Die
Deutsche Nationalbibliothek verzeichnet diese Publikation in der Deut-
schen Nationalbibliografie; detaillierte bibliografische Daten sind im
Internet über dnb.dnb.de abrufbar.

Herstellung und Verlag: BoD – Books on Demand, Norderstedt

ISBN: 978-3-7534-9723-5

Vorwort

Haben Sie schon einmal den Satz gehört: „Besser von Zwölf gerichtet als von Sechs getragen"? Diese markigen Worte beziehen sich auf die zwölf Geschworenen in einem us-amerikanischen Schwurgericht, sowie auf die sechs Träger eines Sarges. Bedeuten soll das konkret, dass jemand, der Notwehr übt, lieber für seine Taten vor Gericht geht, als untätig zu bleiben und zu sterben. Häufig wird dieser Satz aber unbewußt als Ausrede benutzt, um sich nicht mit dem heimischen Rechtssystem auseinandersetzen zu müssen. Auf die Frage: „Kennst du dich mit Notwehrrecht aus?" kann man dann getrost antworten „Wozu? Ich werde lieber von Zwölf gerichtet, als von Sechs getragen." Dabei kann man leicht aus den Augen verlieren, dass dies keine Alternativfrage ist. Es geht nicht darum, ausschließlich zwischen Gefängnis oder Tod zu wählen, denn unser Rechtssytem gibt jedem unrechtmäßig Angegriffenen genug Handlungsspielraum, um sich zu verteidigen, sein Leben zu schützen und trotzdem straffrei zu bleiben. Zu sagen: „Ich werde lieber von Zwölf gerichtet, als von Sechs getragen." ist, als würde man sagen: „Ich haue mir lieber mit dem Hammer auf den Finger, als mir in den Fuß zu schießen." Sie müssen keins von beidem! Mit dem vorliegenden Buch können Sie sich ein grundlegendes Verständnis des deutschen Notwehrrechts, sowie der darauf basierenden rechtlichen Prozesse aneignen, damit Sie in Zukunft sagen können: „Statt zu sterben oder ins Gefängnis zu kommen, gehe ich lieber nach Hause."

Anmerkung des Autors

Notwehr hat immer mit Gewalt zu tun. Diese Gewalt wird in physischer oder psychischer Form sowohl vom Aggressor als auch vom Verteidiger eingesetzt. Der Aggressor ist in diesem Fall ein Gewalttäter, der weder politisch korrekt noch fair ist. Sollten Ihnen die Inhalte dieses Buches diskriminierend oder beleidigend vorkommen, bedenken Sie, dass diese nur die Denkweise von Gewalttätern widerspiegeln und keinesfalls persönlich gemeint sind.

Um die Lesbarkeit des Textes nicht zu beeinträchtigen, habe ich zum Teil der Einfachheit halber auf die männliche Anrede zurückgegriffen. Auch dies soll in keinem Fall die weiblichen Leser diskriminieren, die ich hiermit um Nachsicht bitte.

Ebenso habe ich zu Gunsten der Lesbarkeit auf Fußnoten und Quellenangaben zu den einzelnen Gerichtsurteilen verzichtet. Unter www.justiz.de können Sie eine Vielzahl von Urteilen selbst einsehen.

Da rechtliche Urteile stets fall- und personenbezogen sind, dienen die dargestellten Fälle lediglich zur Veranschaulichung und haben Beispielcharakter. Die im Buch aufgeführten richterlichen Urteile erheben keinen Anspruch auf Allgemeingültigkeit. Die rechtlichen Inhalte erheben keinen Anspruch auf juristische Vollständigkeit und ersetzen im Einzelfall nicht die Beratung durch einen Anwalt.

Kapitel 1 - Entscheidung

Was ist Notwehr?

In englischsprachigen Ländern ist die Sache oft einfacher, da dort Selbstverteidigung und Notwehr das Gleiche sind. Es existiert auch nur ein Begriff dafür: self-defense. In Deutschland unterscheiden wir zwischen Selbstverteidigung als einer Gewalthandlung zum eigenen Schutz, und Notwehr als der für die Selbstverteidigung relevanten Rechtsnorm. Das vornehmliche Ziel der Selbstverteidigung ist es, die eigene körperliche Unversehrtheit zu schützen. Wenn Sie dabei aber den Rahmen der Notwehr überschreiten, können Sie sich vermutlich nur noch eingeschränkt über die erfolgreiche Verteidigung freuen, da Sie womöglich mit einer hohen Geld- oder gar Haftstrafe nach einem Straf- oder Zivilprozess rechnen müssen. Deshalb ist es für jeden, der sich mit dem Thema Selbstverteidigung beschäftigt, unerlässlich, sich auch über die rechtlichen Grundlagen im Klaren zu sein.

Eine ganzheitlich erfolgreiche Selbstverteidigung erfordert drei Dinge:

- Die richtige Entscheidung
- Die richtige Umsetzung der Entscheidung
- Die richtige Rechtfertigung für die Umsetzung

Wenn Sie in der Lage sind, in einer Notwehrsituation die richtige Entscheidung zu treffen, diese umzusetzen und Ihr Verhalten später vor der Polizei oder einem Richter nachvollziehbar zu begründen, können Sie sicher sein, dass sie nicht nur die Situation selbst, sondern auch das rechtliche Nachspiel ohne nachhaltige Folgen überstehen werden.

Notwehrsituationen können sehr unterschiedlich in Erscheinung treten. Und nicht immer ist klar ersichtlich, ob und in welchem Maß die Notwehr letztendlich gerechtfertigt ist. Die folgenden Beispiele sollen, ohne weiter ausgeführt zu werden, ein Gefühl für die Vielfalt geben.

Es klingelt an der Haustür und Sie machen auf. Draußen steht Ihr Nachbar mit hochrotem Kopf und geballten Fäusten...

Die Familienfeier hatte nett angefangen, aber dann hat sich Onkel Peter im stark angetrunkenen Zustand auf eine Diskussion über seinen Lieblingsfußballverein eingelassen. Dabei hat er sich immer mehr in Rage geredet und schließlich angefangen, das Geschirr an die Wände zu werfen...

Sie bemerken eine unscheinbare Gestalt in einem dunklen Kapuzenshirt, die Sie vom anderen Bahnsteigende beobachtet. Plötzlich wirft die Gestalt einen raschen Blick nach links und rechts und kommt auf Sie zu. Eine Hand hält Sie dabei hinter dem Rücken verborgen...

Sie kürzen am frühen Abend den Heimweg durch eine wenig frequentierte Gasse ab und spüren plötzlich einen spitzen Gegenstand an Ihrer Seite. Eine Stimme flüstert Ihnen zu, dass Ihnen nichts geschieht, wenn Sie ruhig bleiben und brav mitkommen...

Doch bevor wir uns anschauen, wie eine potenzielle Notwehrsituation zu bewerten ist, werden wir im Folgenden zunächst die rechtlichen Grundlagen und den Gesetzestext der wichtigsten Paragrafen zur Notwehr betrachten.

§ 32 StGB / § 227 BGB - Notwehr

(1) Wer eine Tat begeht, die durch Notwehr geboten ist, handelt nicht rechtswidrig.

(2) Notwehr ist die Verteidigung, die erforderlich ist, um einen gegenwärtigen rechtswidrigen Angriff von sich oder einem anderen abzuwenden.

Kommen Ihnen solche Paragrafen auch immer unnötig kompliziert vor? Die Absicht dahinter ist nicht, es Laien möglichst schwer zu machen, den Sinn zu verstehen, sondern durch die Verwendung von genau definierten rechtlichen Begriffen eine möglichst eindeutige Beschreibung der Rechtslage zu geben. Betrachten wir einmal, was dies im Einzelnen für uns bedeutet:

***Selbstverteidigung ist nur dann erlaubt,
wenn eine Notwehrlage vorliegt.***

Das scheint soweit logisch, aber was genau ist eine Notwehrlage? Auch hier bietet der entsprechende Paragraf eine Definition.

***Eine Notwehrlage liegt vor,
wenn ein Angriff auf Sie oder andere erfolgt.***

Selbstverteidigung ist nur dann legal und damit erlaubt, wenn eine Reihe von Bedingungen erfüllt ist. Die wichtigste Voraussetzung ist dabei das Erfolgen eines Angriffs. In diesem Fall ist Angriff als eine Verletzung rechtlich geschützter Interessen genau festgelegt. Zu diesen rechtlich geschützten Interessen, auch Rechtsgüter genannt, zählen unter anderem:

- Leben
- körperliche Unversehrtheit
- Freiheit
- Eigentum
- Hausrecht
- Ehre
- Intimsphäre

Hinzu kommen weitere Bedingungen, die erfüllt sein müssen, damit eine Notwehrlage gegeben ist.

Der Angriff muss gegenwärtig sein.

Die Gegenwärtigkeit eines Angriffs ist gegeben, wenn

dieser unmittelbar bevorsteht, gerade stattfindet oder noch andauert. Ist eine unmittelbare Wiederholung des Angriffs zu befürchten, gilt der Angriff als andauernd. Sobald der Angriff endgültig abgeschlossen ist, endet automatisch und umgehend auch die Notwehrlage.

Der Angriff muss rechtswidrig sein.

Bestimmte Verhaltensweisen sind gesetzlich verboten. Allerdings gibt es Ausnahmesituationen, die solche Verhaltensweisen für bestimmte Personengruppen oder abhängig von bestimmten Bedingungen erlauben. Wenn es Gesetze gibt, die einen Angriff verbieten, und keine Gesetze, die diesen erlauben, ist ein Angriff rechtswidrig. Widersetzen Sie sich z. B. einer Verhaftung durch die Polizei, können Sie anschließend nicht auf Notwehr plädieren. Durch das Festnahmerecht (§ 127 StPO) ist der Staatsgewalt dieser Angriff auf das Rechtsgut Freiheit erlaubt. Der medizinische Eingriff eines Arztes zählt ebenfalls nicht als rechtwidriger Angriff, auch wenn er möglicherweise Schmerzen und Verletzungen hervorruft und auch die Tatsache, dass der Busfahrer Ihre Freiheit einschränkt, wenn er Sie nötigt, bis zur nächsten Haltestelle mitzufahren, obwohl Sie vorher aussteigen möchten, berechtigt Sie nicht zur Notwehr. Beide Taten sind durch Einwilligung bzw. Einverständnis rechtlich abgesichert. Ebenso wenig ist eine Tat, die aus Notwehr begangen wird, rechtswidrig und darf daher nicht wiederum mit Notwehr beantwortet werden.

*Achtung: Eine einvernehmliche Schlägerei au-
ßerhalb eines sportlichen Rahmens (z. B. ein re-
gulärer Boxkampf) ist immer noch rechtswidrig,
da sie „gegen das Anstandsgefühl aller billig und
gerecht denkenden Menschen verstößt".*

**Die Verteidigungsmaßnahme muss erforderlich
sein.**

Natürlich ist es nicht ganz einfach die Erforderlichkeit einer Verteidigungsmaßnahme zu bewerten. Die
rechtliche Definition legt fest, dass eine Maßnahme
erforderlich ist, wenn sie zwei Bedingungen erfüllt.
Zum einen muss die Maßnahme geeignet sein, um den
rechtswidrigen Angriff sofort und dauerhaft zu stoppen. Die Formulierung dauerhaft ist hier mit Vorsicht
zu genießen, denn sie zielt darauf ab, dass der Täter
nicht umgehend erneut zur Tat schreitet. Schwierig ist
vor allem das Abwiegen der Dauerhaftigkeit gegenüber der zweiten Bedingung. Es darf kein offensichtlich milderes Mittel erkennbar sein, das den Angriff
mit gleicher Wahrscheinlichkeit beendet. Es geht also
nicht darum, sich vorsorglich etwas härter zu wehren,
um sicherzugehen, dass der Angreifer auch wirklich
bewusstlos ist und der Angriff mit Sicherheit dauerhaft beendet ist. Vielmehr geht es darum, eine Verteidigung zu gestatten, die eine weitere Gefährdung
des Angegriffenen verhindert. Zudem bedeutet „muss
geeignet sein" nicht, dass eine schwächere Verteidigungsmaßnahme nicht als erforderlich angesehen
wird. Das Motto ist nicht: „Ihre Gegenwehr war zu
schwach um den Angreifer sofort und dauerhaft zu

stoppen, daher war es keine Notwehr, sondern leichte Körperverletzung.". Eine Verteidigung, die den Angriff abschwächt, gilt ebenfalls als erforderlich.

Das nächste Problem ist hier die Bestimmung des mildesten Mittels. Wenn ein Mittel zur Verteidigung zu mild ist, werden Sie es sofort an der Reaktion des Angreifers merken. Ob das gewählte Mittel zu hart war, wird Ihnen gegebenenfalls vor Gericht erklärt werden. Mitunter hängt es von Ihrer Begründung für die Wahl der Mittel ab, ob ein Richter diese als erforderlich anerkennt.

Die Verteidigungsmaßnahme muss geboten sein.

Abhängig von der Verhältnismäßigkeit der durch den Angriff und die Verteidigung bedrohten Rechtsgüter wird beurteilt, ob eine Verteidigungsmaßnahme geboten ist. Nach deutschem Recht erfolgt keine direkte Abwägung der Rechtsgüter, bei der z. B. auf eine leichte Gewaltanwendung auch nur mit einer leichten Gewaltanwendung geantwortet werden darf. Trotzdem ist ein übermäßiges Missverhältnis zwischen dem angegriffenen Rechtsgut und dem bei der Verteidigung verletzten Rechtsgut nicht angemessen, so dass eine solche Maßnahme nicht geboten wäre. Ein klassisches Beispiel verdeutlicht diese Angemessenheit der Mittel:

Ein alter Mann mit eingeschränkter Gehfähigkeit sitzt auf der Veranda. Neben sich hat er sein Gewehr stehen. Er erblickt einen Jungen, der am anderen Ende seines Gartens über den Zaun steigt, um ein paar Kirschen zu stehlen. Da es das einzige ihm zur Verfügung stehende Mittel ist, wäre es auch das mildeste Mittel, zu schießen. Dies wäre mit Sicherheit auch ein geeignetes Mittel, den Angriff auf das Rechtsgut (Eigentum: Kirschen) sofort zu beenden. Da hier allerdings eine massive Unverhältnismäßigkeit zwischen dem Rechtsgut des Angegriffenen (Kirschen) und dem Rechtsgut des Angreifers (Leib und Leben) besteht, ist diese Handlung nicht geboten. Somit liegt keine Notwehrlage vor, die einen Schuss rechtfertigen würde.

Notwehr oder Nothilfe?

Laut Notwehrparagraf bezeichnet der Begriff Notwehr das Abwenden von Angriffen gegen sich oder andere. Notwehr gegen Angriffe auf die Rechtsgüter von anderen Menschen bezeichnet man auch als Nothilfe. Hierbei gibt es allerdings eine wichtige Ergänzung: Der Angegriffene hat selbst ebenfalls ein Notwehrrecht, von dem er Gebrauch machen kann. Daher darf Nothilfe nicht aufgedrängt werden. Wenn er es will, darf der Angegriffene auf Notwehr und Nothilfe bewusst verzichten. Ansonsten gelten für die Nothilfe die gleichen Bedingungen wie für die Notwehr.

Wie treffe ich die richtige Entscheidung?

Zunächst einmal sollte man sich daran erinnern, dass auch ein taktischer Rückzug oder eine Flucht wirksame Methoden der Verteidigung sind. Da diese allerdings nicht auf die Rechtsgüter des Anderen einwirken, sind sie rechtlich nicht relevant. Die Entscheidung, sich mit körperlicher Gegenwehr zu verteidigen sollte hingegen nur getroffen werden, wenn folgende Faktoren gegeben sind:

- Der Angriff bedroht rechtlich geschützte Güter
- Der Angriff ist rechtswidrig
- Der Angriff ist gegenwärtig

Um die richtige Entscheidung zu treffen, ist es hilfreich, zu verstehen, was vor sich geht. Wenn Sie zu diesem Zweck die Motive des Täters verstehen und die Art des vorliegenden Konfliktes einordnen können, hilft dies, sowohl bei der Entscheidung, als auch bei der anschließenden Begründung. Betrachten wir aber zunächst, wie man das Bedrohungspotenzial einer Situation beurteilen kann. Das AMGA-Schema bietet eine gute Entscheidungshilfe, um rechtliche Probleme zu minimieren. Die Ersten drei Buchstaben des Akronyms stehen dabei für **A**bsicht, **M**ittel und **G**elegenheit. Erst wenn alle drei gemeinsam vorliegen, können Sie sicher davon ausgehen, dass eine Notwehrlage besteht und eine Notwehrhandlung wahrscheinlich gerechtfertigt ist. Um auf Nummer sicher zu gehen, sollten Sie dann noch sicherstellen, dass Sie alle anderen Möglichkeiten, der Bedrohung zu entgehen ausgeschlossen haben. Dafür steht der letzte Buchstabe A - **A**lternativlosigkeit.

Fehlt Ihnen in einer Situation die Zeit, dass AM-GA-Schema anzuwenden, ist es sehr wahrscheinlich, dass es sich um eine reale Notwehrsituation handelt. Auch dieser Umstand hilft Ihnen bei Ihrer Entscheidung und der anschließenden Erklärung.

Das AMGA-Schema

Absicht

Fehlt beim potentiellen Täter die Absicht, Ihnen zu schaden, so liegt im Allgemeinen auch keine uneingeschränkte Notwehrlage vor. Im Falle einer vorliegenden Schuldunfähigkeit von Seiten des Täters kann zwar auch ohne Absicht des Täters eine Notwehrsituation eintreten, diese erfordert aber möglicherweise eine deutlich andere Wahl der Notwehrhandlung. Im normalen Straßenverkehr begegnen Ihnen als Fußgänger jede Menge Mitmenschen, die sowohl die Mittel (Auto), als auch die Gelegenheit (Sie überqueren die Straße) haben, Sie ernsthaft zu verletzen. Allerdings fehlt bei allen die Absicht dies zu tun.

Mittel

Selbst, wenn ein potenzieller Täter die Absicht und die Gelegenheit hätte, Sie anzugreifen und Ihnen zu schaden, liegt nicht automatisch eine Notwehrlage vor, denn er braucht auch die Mittel, um seine Absicht in die Tat umzusetzen. Jemand, der Sie in der Sauna anbrüllt, dass er Sie absticht, wenn Sie ihn weiter so anstarren, bekundet zwar die Absicht, Sie zu verletzen und hat auf Grund der räumlichen Nähe auch die Gelegenheit, zum angedrohten Abstechen fehlen ihm in der Sauna aber sichtlich die Mittel (Messer).

Gelegenheit

Aber selbst, wenn der potenzielle Täter die Absicht und die Mittel hat, benötigt er auch abschließend noch die Gelegenheit, seine Absicht in die Tat umzusetzen. Wenn Ihr Nachbar wütend auf Sie ist, weil Sie auf dem Balkon grillen und ihn auf der Terrasse einräuchern, ist es für Sie völlig irrelevant, dass er mit dem Kantholz in der Hand vor Ihrem Haus auf und abläuft. Wenn Sie ihn nicht einlassen und auch nicht zu ihm nach unten gehen, fehlt ihm die Gelegenheit, Sie zu verletzen, auch wenn er Absicht und Mittel hat. Wieder liegt keine Notwehrlage vor.

Erst wenn in einer der beschriebenen Situationen auch der jeweils fehlende Faktor eintritt, kommt es zu einer Notwehrlage. Sind bereits zwei Faktoren gegeben, sollte man daher gut achtgeben, ob der fehlende Faktor nicht doch noch eintreten kann. Die Faktoren Absicht, Mittel und Gelegenheit sind somit nicht nur Merkmale einer Notwehrsituation, sondern auch gute Anzeiger dafür, wie Bedrohlich eine Situation tatsächlich ist und wann man handeln sollte.

Alternativlosikeit

Das deutsche Recht kennt einen Grundsatz, der lautet: „Das Recht muss dem Unrecht nicht weichen." Das bedeutet konkret, dass Sie nicht verpflichtet sind einer Auseinandersetzung aus dem Weg zu gehen, solange Sie auch objektiv betrachtet im Recht sind (Achtung: Nicht solange Sie sich subjektiv im Recht glauben!).

Aber nur weil es rechtlich legitim ist, heißt das nicht, dass es auch klug ist, auf diesem Recht zu beharren. In den meisten Fällen sollte man, um gesundheitliche und rechtliche Folgen zu vermeiden, gewaltsamen Auseinandersetzungen so weit wie möglich aus dem Weg gehen.

Viele potenzielle Notwehrsituationen sind durch Nachgeben oder Entschuldigen, durch Weggehen oder Flüchten, oder durch das Rufen der Polizei zu lösen. Wenn dies der Fall ist, sollten Sie diese Alternativen auch nutzen (ungeachtet dessen, was Ihnen Ihr Ego vielleicht raten mag). Selbst wenn Sie zu hundert Prozent sicher sind, im Recht zu sein, bringt Ihnen das gar nichts, wenn Sie anschließend tot sind, im Rollstuhl sitzen oder der Richter einfach nur anderer Meinung ist als Sie.

Trotzdem kann es zu einem Punkt kommen, an dem man alle anderen Mittel probiert oder verworfen hat und die Situation trotzdem nicht beendet ist. In diesem Fall können Sie sich nicht nur recht sicher sein, dass eine Notwehrhandlung wirklich gerechtfertigt ist, sondern auch, dass Sie dies glaubhaft vor Gericht begründen können.

Das folgende Schaubild fasst die Anwendung des AMGA-Schemas noch einmal für Sie zusammen.

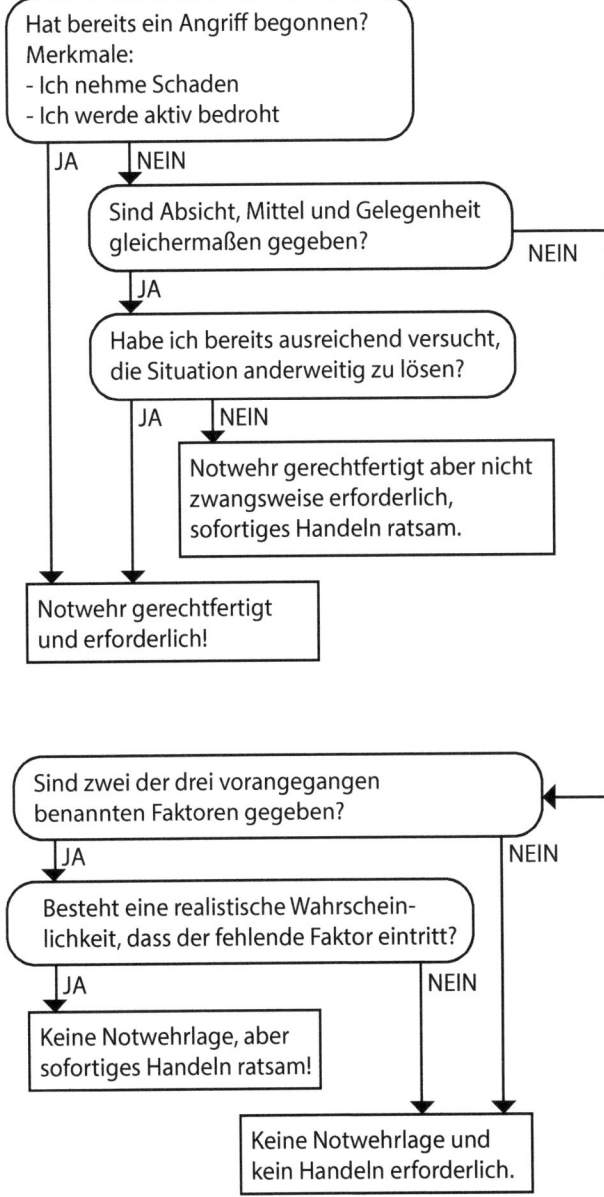

Hat bereits ein Angriff begonnen?
Merkmale:
- Ich nehme Schaden
- Ich werde aktiv bedroht

JA | NEIN

Sind Absicht, Mittel und Gelegenheit gleichermaßen gegeben?

NEIN

JA

Habe ich bereits ausreichend versucht, die Situation anderweitig zu lösen?

JA | NEIN

Notwehr gerechtfertigt aber nicht zwangsweise erforderlich, sofortiges Handeln ratsam.

Notwehr gerechtfertigt und erforderlich!

Sind zwei der drei vorangegangen benannten Faktoren gegeben?

JA | NEIN

Besteht eine realistische Wahrscheinlichkeit, dass der fehlende Faktor eintritt?

JA | NEIN

Keine Notwehrlage, aber sofortiges Handeln ratsam!

Keine Notwehrlage und kein Handeln erforderlich.

Wie Sie sehen, ist nicht immer ein sofortiges Handeln erforderlich und nicht immer ist die erforderliche Handlung eine Notwehrhandlung. Das vorangegangene Schema führt zu vier verschiedenen Ergebnissen.

- Notwehr gerechtfertigt und erforderlich:
  Wenn Sie durch einen rechtswidrigen Angriff Schaden nehmen, liegt definitiv eine Notwehrlage vor und Sie sollten unmittelbar Handeln. Hier ist es durchaus angebracht, sich körperlich zur Wehr zu setzen.

- Notwehr gerechtfertigt aber nicht zwangsweise erforderlich, sofortiges Handeln ratsam:
  Wen der Angriff unmittelbar bevorsteht, aber noch nicht begonnen hat, sollten Sie sofort handeln. Statt sich körperlich zur Wehr zu setzen, kann es hier aber möglicherweise noch andere Optionen geben (Weglaufen, Deeskalieren usw.)

- Keine Notwehrlage, aber Handeln ratsam:
  Wenn Sie bemerken, dass sich eine Notwehrsituation anbahnt, sollten Sie nicht warten, bis die Lage vollends eskaliert. Frühzeitig zu reagieren (Rückzug oder Deeskalation) ist besser als sich später verteidigen zu müssen. Wenn der Richter hinterher erkennt, dass Sie es kommen sahen und trotzdem nichts dagegen unternahmen, könnte er es im Zweifelsfall negativ für Sie auslegen.

- Keine Notwehrlage und kein Handeln erforderlich:
  Dies erklärt sich wohl von selbst. Wenn Sie hier zu einer körperlichen Verteidigung greifen nennt man das nicht Notwehr, sondern tätlichen Angriff.

Zusätzlich zu den Punkten des AMGA-Schemas, gibt es ein paar Punkte, die Sie im Auge behalten können. Diese Punkte (sogenannte PINs - Pre Incident Indicators / Vorfall-Voranzeiger) dienen zum einen zum Erkennen einer möglichen Bedrohung, und zum anderen zum Begründen einer körperlichen Maßnahme zur Abwehr eines unmittelbar bevorstehenden Angriffs. Da dieses Thema geeignet wäre, ein weiteres Buch zu füllen, folgt hier nur eine kleine Auswahl.

- Distanzunterschreitung durch einen Fremden:
  Wenn ein Fremder Ihnen auf offener Straße zu nahe kommt, ist dies kein gutes Zeichen. Zu Fremden halten wir normalerweise einen Abstand von mindestens einem Meter, eher bis zu zwei Metern. Bei Menschen aus südlichen Kulturkreisen ist dieser Abstand eher geringer als bei uns, aber normalerweise halten Fremde, sofern genügend Raum ist, mehr als eine Armlänge Abstand. In Menschenmengen oder öffentlichen Verkehrsmitteln ist dies natürlich nicht unbedingt möglich, sollte sich Ihnen allerdings ein Fremder in einer menschenleeren Gasse auf Armlänge nähern ist dies sehr bedenklich und liegt möglicherweise daran, dass

er auf Angriffsdistanz herankommen möchte.

- Annäherung durch einen Fremden von der
  Seite oder von hinten:
  Wenn fremde Menschen auf offener Straße ein
  ehrliches Anliegen haben, kommen sie meistens frontal oder von schräg vorne auf uns zu.
  Wenn sich ein Fremder von der Seite oder von
  hinten annähert, kann das ein Anzeichen dafür
  sein, das er versucht, unsere Distanzwahrneh-
  mung zu täuschen und sich zu nähern, ohne
  dass wir ihn als zu nah einstufen.

- Verborgene Hände:
  Wenn sich ein Fremder nähert und dabei eine
  Hand hinter dem Körper verdeckt hält, ist dies
  ein deutliches Warnsignal, dass sich in dieser
  Hand eine verborgene Waffe befinden könnte.
  Auch Hände in den Taschen (vor allem nur
  eine Hand in der Tasche) sollte man aus die-
  sem Grund Beachtung schenken.

- Vermummtes Gesicht
  Fremde, die ohne erkennbaren Grund das
  Gesicht verhüllt haben, sind ebenfalls mit
  Vorsicht zu genießen. Wer im Sommer einen
  dicken Schal trägt, möchte womöglich vermei-
  den, dass man ihn (wieder-)erkennt.

- Plötzliches Umsehen
  Ein plötzliches Umsehen nach rechts und links
  ist ein sehr akutes Warnsignal. Der Täter prüft
  damit unmittelbar vor einem Angriff, ob Zeugen zugegen sind.

- Ballen der Fäuste
  Ein recht offensichtliches Anzeichen von steigender Aggression ist das Ballen der Fäuste. Hier ist mit einem erhöhten Adrenalinspiegel zu rechnen.

- Aufplustern
  Sich groß und breit zu machen sind Formen von menschlichem Imponiergehabe und zeigen ebenfalls oft einen erhöhten Adrenalinspiegel an.

- Plötzliches Erröten oder Erblassen
  Wenn der Adrenalinspiegel steigt, kommt es zunächst häufig zu einem Erröten der Gesichtshaut und später zu einem erblassen. Ein plötzlicher Wechsel der Gesichtsfarbe ist in entsprechendem Kontext (z. B. Streitgespräch) ein guter Anzeiger für steigende Aggression.

Alle hier aufgeführten Punkte können durchaus auch völlig harmlos sein oder ganz andere Erklärungen haben. Sie sind aber trotzdem Warnsignale, die man beachten sollte. Besonders, wenn mehrere dieser Punkte zusammen zutreffen, sollte man sehr misstrauisch werden. Wer rechtzeitig handelt, kann eine Notwehrsituation möglicherweise im letzten Augenblick noch abwenden, indem er sich zurückzieht oder verbal deeskaliert. Im Extremfall hilft das Erkennen der genannten Punkte vielleicht auch, um für eine Angriff gerüstet und zur Gegenwehr bereit zu sein. Sollte dieser Extremfall wirklich eintreten, ist es auf jeden Fall hilfreich, hinterher vor der Polizei oder dem Richter, die Anzeichen für eine bevorstehende Gewalttat benennen zu können.

Aber ich dachte, es ist Notwehr...

Nicht immer ist eine Situation eindeutig. Glaubt der Notwehrübende sich in einer Notwehrlage zu befinden, obwohl diese nicht vorliegt, so bezeichnet man die von ihm ausgeführte Notwehrhandlung als Putativnotwehr (von lat. putare – glauben). Putativnotwehr basiert grundsätzlich auf einer falschen Entscheidung, der Entscheidung, körperliche Gewalt anzuwenden, obwohl keine Notwehrlage vorliegt, die dies rechtfertigen würde.

Hagen hat in seiner Laienspielgruppe die Rolle des Räubers zugeteilt bekommen. Da er in einem kleinen Mietshaus wohnt und die Nachbarn nicht belästigen möchte, trifft er sich zum Üben mit einer Freundin immer im Park. Als der betagte Gerhard beim Spazierengehen zufällig Zeuge einer solchen „Theaterprobe" wird, nimmt er fälschlicherweise an, die junge Frau befände sich tatsächlich in Gefahr und eilt ihr zu Hilfe. Mit seinem Gehstock schlägt er von hinten auf Hagen ein, um ihn in die Flucht zu schlagen.

Markus arbeitet für ein privates Sicherheitsunternehmen und ist für den Objektschutz in einem gehobenen Einkaufszentrum eingesetzt. In einem dunklen Flur bemerkt er eine Gestalt, die sich an

einer Tür zu schaffen macht. Er zieht seine Schuss-
waffe und fordert die Gestalt auf, die Hände zu he-
ben und sich erkennen zu geben. Als die Gestalt
sich in seine Richtung dreht, erkennt Markus, dass
sie einen länglichen Gegenstand in seine Richtung
schwenkt. In der Annahme, es handele sich dabei
um ein Gewehr, eröffnet Markus das Feuer und
schießt die Gestalt nieder. Im Nachhinein stellt
sich heraus, dass es sich bei der Gestalt um die
Putzfrau handelte, die den Aufforderungen Mar-
kus' nicht nachgekommen ist, weil Ihr Verständnis
der deutschen Sprache sehr mangelhaft ist. Bei
dem länglichen Gegenstand hat es sich um den
Stiel eines Schrubbers gehandelt, den die Frau un-
ter den Arm geklemmt hatte.

Meistens werden im Falle einer irrtümlich angenommenen Notwehrsituation dem vermeintlichen Verteidiger mildernde Umstände angerechnet. Oft wird er sogar schuldlos gesprochen. Trotzdem ist die rechtliche Beurteilung einer solchen Situation nicht einfach. Denn selbst wenn Sie im Falle einer Putativnotwehr nicht vorsätzlich handeln, kann es passieren, dass Ihnen Fahrlässigkeit unterstellt wird und Sie diesbezüglich eine Strafe erwartet.

Und wann ist es nun Notwehr?

Wenn Sie überraschend angegriffen werden, brauchen Sie sich über die Beurteilung der Situation keine Gedanken mehr zu machen. In diesem Fall brauchen Sie nur zu reagieren. Die Entscheidung, ob es sich um eine Notwehrlage handeln könnte, hat Ihnen der Täter damit abgenommen, dass sein Angriff offensichtlich gegenwärtig ist, da er bereits begonnen hat. Aber nicht immer erfolgt der Angriff überraschend und die potenzielle Notwehrsituation hat ein mehr oder weniger langes Vorspiel.

Provokation von Notwehrlagen

Besonders schlecht ist die Entscheidung, Notwehr zu üben, wenn Sie einen Gewalttäter absichtlich gereizt oder die eigene Notwehrlage wissentlich herbeigeführt haben. In diesem Fall spricht man dann von Notwehrprovokation und es ist möglich, dass Ihnen Fahrlässigkeit oder sogar Vorsatz zur Last gelegt werden. Die auf den ersten Blick gerechtfertigt scheinende Notwehrhandlung wird in diesem Fall trotzdem bestraft. Nur, wenn sich die Reaktion auf Ihre Handlung zeitlich deutlich nach der Provokation (zeitliche Trennung) oder gar an einem anderen Ort (räumliche Trennung) ereignet, oder die Reaktion auf die Provokation sehr übertrieben ausfällt, ist hier die Notwehr wieder zu rechtfertigen.

Auf dem Neustädter Fußballplatz kommt es in der Halbzeitpause am Kiosk zu einer Auseinandersetzung zwischen einem Fan des Heimvereins und einem Fan der Gastmannschaft. Dabei beleidigt der Gast den Einheimischen schwer. Dieser fühlt sich in seiner Ehre verletzt und schlägt mit der Faust zu. Da der Gast dies provoziert hat, kann er sich hier nicht auf Notwehr berufen und muss dem Angriff anderweitig ausweichen.

Auf dem Neustädter Fußballplatz kommt es in der Halbzeitpause am Kiosk zu einer Auseinandersetzung zwischen einem Fan des Heimvereins und einem Fan der Gastmannschaft. Dabei beleidigt der Gast den Einheimischen schwer...

... Nach dem Spiel (zeitliche Trennung) trifft der Einheimische den Gast am Kiosk wieder und verpasst ihm eine Ohrfeige.

... Auf dem Rückweg zu seinem Tribünenplatz kommt der Einheimische zufällig erneut an dem Gast vorbei, der seinen Platz bereits wieder eingenommen hat (räumliche Trennung). Der Einheimische verpasst ihm eine schallende Ohrfeige für die vorangegangene Provokation.

... Der Einheimische zieht daraufhin ein Messer und sticht zu (Unverhältnismäßigkeit der Reaktion).

In keinem dieser drei Fälle dürfte sich der Gast auf die Provokation und sein Recht zur Notwehr berufen.

Achtung: Da auch die persönliche Ehre ein geschütztes Rechtsgut darstellt, ist genau genommen auch eine Beleidigung ein rechtswidriger Angriff. Je nach genauen Umständen kann also bereits die Provokation als Angriff gewertet werden.

Schutzwehr oder Trutzwehr?

Im Rahmen der Trutzwehr dürfen Sie selbst auf die Rechtsgüter des Angreifers einwirken. Das bedeutet, Sie dürfen ihn in erforderlicher Weise körperlich schädigen und so wiederum auf sein Rechtsgut „körperliche Unversehrtheit" einwirken.

Sind Sie allerdings auf Schutzwehr beschränkt, so dürfen Sie dem Angriff lediglich auszuweichen oder versuchen, diesen anderweitig zu stoppen, ohne dem Angreifer zu schaden. Nur, wenn Sie dem Angriff nicht ausweichen können oder der Provozierte seinerseits die Notwehr überschreitet (Notwehrexzess), dürfen Sie als Provokateur wieder zur Trutzwehr greifen.

Haben Sie die Notwehrsituation selbst provoziert, so dürfen Sie nicht zur Trutzwehr greifen, sondern müssen sich auf Schutzwehr beschränken.

Schuldunfähigkeit

Notwehrprovokation ist nicht die einzige Ausnahme, die Ihr Notwehrrecht einschränkt. Auch, wenn der Angreifer zum Zeitpunkt des Angriffs nicht schuldfähig ist, müssen Sie sich auf die Schutzwehr beschränken. Eine Trutzwehr ist in diesem Fall zunächst erstmal nicht zulässig.

Als schuldunfähig gelten:

- Kinder unter 14 Jahren
- Betrunkene ab 3,0 Promille

- Personen mit tief greifenden Bewusstseinsstörungen (z. B. extreme Ermüdung)

- Personen mit krankhaften seelischen Störungen (z. B. Psychosen)

- Personen mit angeborener Intelligenzminderung oder Demenz

- Personen mit anderen bewusstseinsverändernden Einflüssen (z. B. Drogenkonsum)

In diesen Fällen gilt das Gleiche, wie bei der Notwehrprovokation: Nur wenn dem Angriff nicht ausgewichen werden kann, darf der Verteidiger hier zur Trutzwehr greifen.

Duldungspflicht

Zu guter Letzt gibt es noch Fälle, in denen der Angegriffene den Angriff zu dulden hat und ebenfalls nur Schutzwehr üben darf.

Glaubt der Angreifer seinerseits in Notwehr zu handeln (Putativnotwehr) und ist Ihnen diese ersichtlich, so müssen Sie sich auf Schutzwehr beschränken, da Notwehr gegen Notwehr (auch gegen Putativnotwehr) nicht gestattet ist. Sie dürfen erst dann wieder zur Trutzwehr greifen, wenn der in Notwehr Handelnde seinerseits die Notwehr überschreitet (Notwehrexzess). In einer solchen Situation befinden Sie sich rechtlich allerdings schon auf sehr dünnem Eis. Dass Sie sich in der Rolle des Angreifers wiederfinden, wollen wir hier gar nicht erst annehmen und werden diesen Fall daher außen vor lassen.

Besteht für den Angegriffenen eine Fürsorgepflicht gegenüber dem Angreifer (z. B. ein enges verwandtschaftliches Verhältnis), so besteht auch hier eine Duldungspflicht und es muss zunächst zur Schutzwehr gegriffen werden.

Eine Mutter wird in einem Streit von ihrer Tochter mit einer spitzen Bastelschere angegriffen. Die Frau schafft es einen Stuhl zu ergreifen und diesen zwischen sich und ihre Tochter zu halten. Obwohl die Situation es eventuell rechtfertigen würde, mit dem Stuhl zuzuschlagen oder -stoßen, um das Mädchen zu entwaffnen oder niederzuwerfen, ist das Recht der Mutter auf Notwehr durch die bestehende Fürsorgepflicht in diesem Fall zunächst eingeschränkt.

Gegenwehr - ja oder nein?

Notwehrprovokation, Schuldunfähigkeit und die Frage nach Schutz- oder Trutzwehr beeinflussen allesamt sowohl die Entscheidung, zu körperlicher Gegenwehr zu greifen, als auch die darauf folgende Umsetzung. Ihre Entscheidung, zur Notwehr zu greifen ist dann gerechtfertigt, wenn folgende Faktoren gegeben sind:

- *Es liegt eine Notwehrlage vor*

- *Sie haben die diese nicht selbst provoziert*

- *Der Angreifer ist schuldfähig*

- *Sie haben keine Duldungspflicht*

Exkurs - Waffen in der Notwehr

Die Entscheidung, in einer Notwehrsituation eine
Waffe einzusetzen, ist in den meisten Fällen kritisch
zu sehen. Zum einen kann mit einer Waffe wesentlich leichter die Erforderlichkeit der Gegenwehr
überschritten werden, zum anderen bietet eine Waffe vielleicht die einzige Möglichkeit, einem physisch
überlegenen Angreifer Einhalt zu gebieten. Daher ist
es hier besonders wichtig, die Gebotenheit und die
Erforderlichkeit gegen die Schwere der Bedrohung
abzuwägen. Bevor wir uns im folgenden Kapitel ge-
nauer mit der Umsetzung einer Notwehrhandlung be-
schäftigen, wollen wir betrachten, welche Faktoren
wir in die Entscheidung, eine Waffe einzusetzen, ein-
beziehen sollten.

Dieses Buch soll in keiner Weise das komplette deut-
sche Waffengesetz beleuchten. Der Gesetzestext
(WaffG) gibt Ihnen in sechzig Paragraphen und zwei
Anlagen reichlich Auskunft über die Rechtslage. An
dieser Stelle beschränke ich mich auf die wichtigsten
Punkte zur Waffenanwendung in Notwehrsituationen.

Solange kein milderes sicheres Mittel zur Verfügung
steht, ist laut Gesetz jedes Mittel erlaubt, das geeignet ist, den Angriff zu stoppen. Demnach machen Sie
sich durch den Einsatz einer Waffe in einer tatsächli-
chen Notwehrlage nicht automatisch strafbar. Trotzdem muss man mit ein paar rechtlichen Komplika-
tionen rechnen, wenn man aus Notwehr eine Waffe
verwendet, da es deutlich leichter ist, das gebotene

Maß an Gewalt unverhältnismäßig zu überschreiten. Dies trifft nicht nur auf potenziell tödliche Waffen, sondern auch auf sogenannte „Selbstverteidigungswaffen" wie Elektroschocker und Reizgassprühgeräte zu, die bei falscher Anwendung schwere Schäden anrichten können. Hinzu kommt, dass vor Gericht immer Bedenken am Verteidigungswillen aufkommen und unter Umständen sogar eine Notwehrprovokation unterstellt werden kann, wenn eine Waffe, gleich welcher Art, im Spiel war.

Bei einigen Waffen ist bereits der Besitz verboten. Bei Anderen ist das Mitführen in der Öffentlichkeit untersagt. Das Führen von Waffen auf öffentlichen Veranstaltungen ist generell nicht erlaubt, selbst, wenn deren Führen normalerweise gestattet wäre. Die Umstände bestimmen, ob es sich bei einem dieser Vergehen lediglich um eine Ordnungswidrigkeit ober bereits um eine Straftat handelt. Entscheidet das Gericht, dass der Einsatz einer Waffe in einer Notwehrsituation rechtmäßig war, entfällt auch die Strafe für das unrechtmäßige Führen, nicht aber für den möglicherweise illegalen Waffenbesitz.

Wollen Sie in einer Notwehrsituation eine Waffe zur Verteidigung einsetzen, so sind Sie rechtlich verpflichtet, sofern es möglich ist, die Verwendung der Waffe vorher anzukündigen. Das bedeutet, Sie müssen eine Warnung aussprechen und bei Schusswaffen sogar einen Warnschuss abgeben. Nur, wenn die Bedrohung so akut ist, dass dies zeitlich nicht mehr möglich ist, oder der Angreifer durch sein Verhalten klar und deutlich zeigt, dass ihn die Waffe nicht abschrecken und womöglich sogar noch weiter provozieren würde, dürfen Sie auf die Androhung des Waffeneinsatzes verzichten.

Da im Notwehrfall immer das mildeste Mittel gewählt werden sollte, scheint das Drohen mit vorgehaltener Waffe zunächst eine gute Alternative zur Gewaltanwendung zu sein. Allerdings ist es immer riskant, in einer Bedrohungssituation eine echte Waffe oder auch nur eine Anscheinswaffe vorzuzeigen. Denn was tun Sie, wenn die Drohung mit der Waffe nicht die erhoffte Wirkung zeigt? Aus rein rechtlicher Sicht, dürfen Sie tödliche Waffen, egal ob es sich dabei um Schusswaffen oder Messer handelt, nur als allerletztes Mittel einsetzen. Um das Drohen mit der Waffe zu rechtfertigen, sollte schon zum Zeitpunkt des Zurschaustellens auch der eventuelle Einsatz der Waffe angemessen sein. Bevor Sie eine Waffe vorzeigen, sollten Sie sicherstellen, dass Sie diese in einer Notwehrsituation auch einsetzen dürfen.

Im Schützenverein des SC Altenburg kommt es zu einer lautstarken Auseinandersetzung in deren Verlauf sich das alteingesessene Mitglied Kurt H. vor aller Augen über den Vereinsneuling Peter K. lustig macht. Peter möchte diese Demütigung nicht hinnehmen und holt eine Faustfeuerwaffe aus seiner Tasche, um mit vorgehaltener Pistole eine Entschuldigung zu fordern. Da bei dem hier vorliegenden Angriff auf Peters Ehre der Einsatz der Schusswaffe definitiv nicht geboten wäre, lässt sich auch die Drohung mit der Waffe äußerst schwer rechtfertigen.

Zudem sollten Sie sich vor dem Drohen mit einer Waffe nicht nur sicher sein, dass Sie diese verwenden dürfen, sondern auch, dass Sie diese verwenden können. Dies schließt sowohl die Funktionalität der Waffe, als auch die mentale Befähigung, eine Waffe gegen einen Menschen einzusetzen, mit ein. Können Sie eine dieser Bedingungen nicht erfüllen, müssen Sie damit rechnen, dass Ihnen die Waffe entwendet und gegen Sie verwendet wird oder der Angreifer wesentlich aggressiver reagieren wird, falls die von Ihnen beabsichtigte Einschüchterung fehlschlägt.

Kapitel 2 - Umsetzung

Um auch bei der Umsetzung der Notwehr im rechtlich erlaubten Rahmen zu bleiben, muss die Notwehrhandlung geboten und erforderlich sein. Beide Begriffe haben Sie bereits im ersten Kapitel näher kennen gelernt. Aber wie können Sie das angemessene Maß an Gegenwehr erkennen? Beginnen wir die Angelegenheit zunächst von hinten anzugehen.

Viel hilft viel, aber wann ist es zuviel?

Der Notwehrexzess

§ 33 StGB - Überschreitung der Notwehr

Überschreitet der Täter die Grenzen der Notwehr aus Verwirrung, Furcht oder Schrecken, so wird er nicht bestraft.

Immer, wenn die Notwehr überschritten wird und mehr Gewalt eingesetzt wird, als geboten war, spricht man von einem sogenannten Notwehrexzess. Allerdings ist Notwehrexzess nicht gleich Notwehrexzess. Während es eine Form des Notwehrexzesses gibt, die durch den aufgeführten Paragrafen abgedeckt ist und daher straffrei bleibt, existieren drei weitere Formen, bei denen das einstige Opfer zum Täter wird und somit rechtlich belangt werden kann.

Dabei unterscheidet man zunächst zwischen dem intensiven Notwehrexzess, der vorliegt, wenn zum Zeitpunkt des Exzesses die Notwehrlage noch andauert, und dem extensiven Notwehrexzess, der vorliegt, wenn zum Zeitpunkt des Exzesses keine Notwehrlage vorliegt.

Der intensive Notwehrexzess wird wiederum unterteilt in den asthenischen Affekt (von griech. asthenés – kraftlos) und den sthenischen Affekt (von griech. sthenés – kraftvoll). Asthenisch bezieht sich hierbei auf Furcht oder Verwirrung, während sich sthenisch auf Gefühle wie Hass, Wut oder Eifersucht bezieht. Der Gesetzestext besagt, dass der Notwehrexzess im asthenischen Affekt straffrei bleibt. Der Notwehrexzess im sthenischen Affekt stellt hingegen eine Straftat dar.

Beim extensiven Notwehrexzess wird zwischen dem vorzeitigen und dem nachzeitigen Notwehrexzess unterschieden. Welche Form von Exzess vorliegt, hängt davon ab, wann er erfolgt. Wenn der Exzess vor dem Eintreten der eigentlichen Notwehrlage erfolgt, spricht man von einem vorzeitigen extensiven Notwehrexzess. Erfolgt der Exzess nach dem Ende der eigentlichen Notwehrlage, so handelt es sich um einen nachzeitigen extensiven Notwehrexzess. Da in keinem der beiden Fälle der Angriff gegenwärtig ist, sind sie auch beide strafbar. Schwierig wird hier die Unterscheidung zwischen unmittelbar bevorstehendem Angriff und vorzeitigem Notwehrexzess. Die Grenze kann hier fließend sein und hängt mitunter nur von der Schlüssigkeit der Erklärung des vermeintlichen Notwehrleistenden ab.

Sie gehen zu später Stunde alleine durch den dunklen Stadtpark, als plötzlich ein Mann aus dem Gebüsch springt und zuschlägt. Reflexartig schlagen Sie zurück. Dieser unerwartete Zwischenfall hat Ihnen einen gehörigen Schrecken eingejagt und Sie schlagen immer wieder zu. Erst langsam wird Ihnen klar, dass der Angreifer schon eine Weile bewusstlos ist. Dies ist ein Fall von intensivem Notwehrexzess im asthenischen Affekt. Ihre Handlung bleibt voraussichtlich straffrei.

Als Thorsten auf den Parkplatz zurückkommt, bemerkt er einen Unbekannten, der sich an seinem Wagen zu schaffen macht. Als er ihn zur Rede stellen will, greift ihn der andere Mann überraschend an. Thorsten verteidigt sich und schlägt den Angreifer nieder. Wütend, dass sich der Unbekannte erdreistet hat, sein Auto anzufassen, tritt Thorsten weiter auf ihn ein. Dies ist ein Fall von intensivem Notwehrexzess im sthenischen Affekt. Die Handlung ist höchstwahrscheinlich strafbar.

Eine ältere Dame hat gerade am Geldautomat Bargeld abgehoben und verlässt nun die Bank durch den Seitenausgang. Als sich ihr dort ein Obdachloser nähert, fängt sie an, mit dem Stock auf ihn einzudreschen, bevor dieser auch nur ein Wort sagen kann.

Dies ist ein Fall von vorzeitigem extensiven Notwehrexzess. Auch wenn der Mann unlautere Absichten gehabt haben mag, ist dies nicht unbedingt beweisbar. Die Handlung ist höchstwahrscheinlich strafbar.

Zwei junge Männer geraten in der Kneipe in einen Streit. Als die Situation immer mehr eskaliert, schlägt einer der beiden zu und verpasst seinem Kontrahenten einen kräftigen Stoß vor den Brustkorb. Der Getroffene taumelt zurück und gibt zunächst klein bei. Als sich der Angreifer dann abwendet, greift sich der Angegriffene eine Bierflasche vom Tresen und schlägt sie dem Angreifer von hinten über den Kopf. Dies ist ein Fall von nachzeitigem extensiven Notwehrexzess. Die Handlung ist definitiv strafbar.

Die rechtliche Bewertung ist zwar immer einzelfallabhängig und das Urteil kann dementsprechend recht unterschiedlich ausfallen, aber generell gibt es eine einfache Richtlinie: Wenn Sie in einer Notwehrlage nur den Angriff abwehren, um sich selbst zu schützen und nicht um dem Anderen zu schaden, wird diese Handlung nicht bestraft. Versuchen Sie allerdings absichtlich dem Angreifer zu schaden, um ihn für sein Verhalten zu bestrafen, machen Sie sich strafbar. Dabei ist es egal, ob dies vor oder nach dem Angriff oder aus Hass oder Wut geschieht.

Abgrenzung der Begriffe

Steht ein Angriff mindestens unmittelbar bevor und überschreitet der Verteidiger bei der Gegenwehr nicht die Erforderlichkeit, so handelt es sich um Notwehr.

Wenn ein Angriff unmittelbar bevorsteht, aber der Verteidiger bei der Gegenwehr die Erforderlichkeit überschreitet, so handelt es sich um einen vorzeitigen extensiven Notwehrexzess.

Glaubt der Verteidiger lediglich, dass ein Angriff unmittelbar bevorsteht und handelt er bei der Gegenwehr im Rahmen dessen, was in einer realen Notwehrlage erforderlich gewesen wäre, so handelt es sich um Putativnotwehr.

Wenn der Verteidiger fälschlicherweise glaubt, dass ein Angriff unmittelbar bevorsteht, er aber bei der Gegenwehr den Rahmen dessen, was in einer realen Notwehrlage erforderlich gewesen wäre, überschreitet, so handelt es sich um einen Putativnotwehrexzess.

Angriff	Erforderlichkeit	Einordnung
bevorstehend	*eingehalten*	*Notwehr*
bevorstehend	*überschritten*	*vorzeitiger extensiver Notwehrexzess*
nur angenommen	*eingehalten*	*Putativnotwehr*
nur angenommen	*überschritten*	*Putativ-notwehrexzess*

Auch, wenn Sie auf Grund von Notwehrprovokation, Duldungspflicht oder Schuldunfähigkeit des Angreifers zur Schutzwehr verpflichtet sind, kann man bei der Notwehr leicht über das Ziel hinausschießen. Dabei erlaubt die Schutzwehr generell erstmal nur, dem Angreifenden auszuweichen oder vor ihm zu flüchten. Jeglicher Übergriff auf die Rechtsgüter des Angreifenden, und sei es nur durch das Fixieren in einem Haltegriff, stellt genau genommen eine Form der Trutzwehr dar. Nur, wenn es Ihnen weder möglich ist, zu fliehen, noch dem Angriff auszuweichen, dürfen Sie auch in diesem Fall zur Trutzwehr greifen. Sehen Sie sich einem Angriff ausgesetzt, auf den Sie nur mit

Schutzwehr antworten dürfen, ist es im Allgemeinen am besten, wenn Sie professionelle Hilfe verständigen (Polizei, Rettungsdienst usw.). In einigen Fällen, zum Beispiel dann, wenn der potenzielle Gewalttäter sich selbst oder Dritte gefährdet, mag es ethisch richtiger erscheinen, einen aggressiven Menschen unter Kontrolle zu bringen und somit Trutzwehr anzuwenden, obwohl dies rechtlich nicht erlaubt ist. Die Verpflichtung zur Hilfeleistung oder die Gefährdung weiterer Schutzbefohlener kann eine solche Situation noch zusätzlich verkomplizieren. Die Entscheidung ist dann keine Frage der Rechtslage, sondern des Gewissens. Sollten Sie in eine solche Situation kommen, kann es im Zweifelsfall umso wichtiger sein, Ihre Handlung nachher gut zu begründen. Jede richterliche Entscheidung ist einzelfallabhängig und wird nicht nur auf der Grundlage der relevanten Gesetze, sondern auch des situativen Kontexts gefällt.

Frau Gerke hat Pausenaufsicht in der Neustädter Grundschule. Plötzlich bemerkt sie einen Jungen, der wild mit einem großen Ast um sich schlägt. Alle Versuche, den Jungen verbal zu beeinflussen, scheitern. Als sich dieser mit dem Ast gefährlich einer Gruppe Schüler nähert, die in eine Ecke gedrängt stehen, beschließt die Lehrerin, einzugreifen und den außer Kontrolle geratenen Schüler von hinten zu umklammern.

Vera ist Pflegerin in einer psychiatrischen Einrich-
tung. Normalerweise hat sie dort keine Probleme,
da die Patienten nicht aggressiv oder gewalttä-
tig sind. Allerdings betreut sie auch einen großen
kräftigen Mann, der seine Kraft weder einschätzen
noch kontrollieren kann. Er mag Vera recht gerne
und als sie ihm eines Tages sein Abendessen bringt,
beschließt er, sie herzlich zu umarmen. Durch die
feste Umklammerung bleibt Vera die Luft weg. Als
sie spürt, wie eine Rippe bricht, zieht sie ein Knie
nach oben und rammt es dem Patienten zwischen
die Beine. Überrascht und erschrocken lässt die-
ser los und ermöglicht Vera die Flucht.

Weniger ist mehr, aber wann ist es zu wenig?

Wenn es Ihnen erlaubt ist zur Trutzwehr zu greifen,
dürfen Sie sich körperlich zur Wehr setzen und damit auch auf die Rechtsgüter Ihres Gegners (Freiheit,
körperliche Unversehrtheit, Leben) einwirken. Wie
stark Sie darauf einwirken dürfen, hängt natürlich
von der Situation ab. Rechtlich erwünscht ist das
„mildeste sichere Mittel". Dies abzuschätzen ist
allerdings nahezu unmöglich. Steigen Sie mit einer
zu schwachen Gegenwehr ein, glaubt der Angreifer
vermutlich, dass Sie nicht mehr zu bieten haben
und wird seinen Gewalteinsatz eher steigern. Von
diesem Zeitpunkt an wird es für Sie schwierig, die
Gegenwehr noch zu erhöhen. Einfacher ist es hoch
einzusteigen und bei Erfolg die eingesetzte Gewalt
nach unten anzupassen. Was folgt, ist eine rein ver-

gleichende Gegenüberstellung und keine Handlungsempfehlung:

- Wenn Sie mit tödlicher Gewalt (z. B. unter Verwendung eines Messers) angegriffen werden würden, müssten Sie sich, um auf gleicher Stufe zu bleiben, ebenfalls mit tödlicher Gewalt verteidigen (z. B. durch waffenlose Verteidigung gegen potenziell tödliche Trefferzonen, wie den Kehlkopf). Jede schwächere Gegenwehr wäre leicht zu rechtfertigen, aber riskant (milder, aber nicht sicher).

- Wenn Sie mit nicht tödlicher Gewalt (z. B. Faustschlägen gegen Kinn und Magen) angegriffen würden, müssten Sie sich, um auf gleicher Stufe zu bleiben, ebenfalls mit nicht tödlicher Gewalt verteidigen (z. B. durch Faustschläge auf die Rippen). Hier zu einer stärkeren Gegenwehr zu greifen wäre zwar sicherer, aber möglicherweise unverhältnismäßig und nicht gerechtfertigt. Eine schwächere Gegenwehr (z. B. ein Haltegriff) wäre wieder milder, aber nicht zwangsweise sicher.

Ein sicheres Anzeichen für zu wenig Gegenwehr ist das Maß an Schaden und Erschöpfung, das Sie und der Angreifer hinnehmen müssen. Wenn Sie Schaden nehmen und der Angreifer nicht, wenn Ihre Erschöpfung zunimmt und die des Angreifers nicht (der fachliche Terminus hierfür ist „verlieren"), dann sollten Sie das Maß der Gegenwehr dringend steigern.

Gestaffelte Gewaltanwendung

Notwehr muss nicht immer eine Körperverletzung darstellen. Die nötige Gegenwehr in einer Notwehrsituation ist von verschiedenen äußeren Faktoren abhängig, die sich im Konfliktverlauf auch abrupt ändern können. Wenn dies geschieht, müssen Sie das Maß der Gewaltanwendung sofort an die neuen Umstände anpassen, um sowohl die eigene Sicherheit nicht zu gefährden, als auch den rechtlich erlaubten Rahmen nicht zu verlassen.

Die amerikanischen Polizeibehörden arbeiten mit einem Modell zur Einordnung der Gewaltoptionen, dass uns beim Verständnis des Gewaltmaßes und der Entscheidungsfindung im Ernstfall helfen kann. Ins Deutsche übertragen könnte dies so aussehen:

Stufen der Gewaltanwendung

- Stufe 1: Präsenz
- Stufe 2: Stimmeinsatz
- Stufe 3: Kontrolltechniken
- Stufe 4: Nicht tödliche Körperverletzung
- Stufe 5: Potenziell tödliche Körperverletzung

Dieses Modell dient nicht dazu, Ihre rechtlich erlaubten Möglichkeiten zur Verteidigung zu kategorisieren, sondern bildet lediglich eine Basis für die Beurteilung der möglichen Handlungsoptionen. Achtung: Für Polizeibeamte in Deutschland fallen die Stufen 3-5 alle unter „unmittelbarer Zwang" und werden gesammelt als körperliche Gewaltanwendung verstanden.

Die ersten beiden Stufen werden wir in der folgenden Übersicht überspringen, da sie zwar für die Deeskalation von Konflikten hilfreich sind, aber sobald eine Notwehrhandlung erforderlich ist nicht mehr ausreichen. Wir beginnen mit der körperlichen Gegenwehr auf Stufe 3. Im englischen wird das Modell zwar als Kontinuum bezeichnet, das bedeutet allerdings nicht, dass die Stufen alle oder der Reihe nach durchlaufen werden müssen. Im Ernstfall beginnen Sie immer direkt auf der erforderlichen Stufe und springen bei Bedarf sofort auf eine höhere oder niedrigere, ohne die dazwischen liegende Stufe durchlaufen zu müssen.

Kontrolltechniken

Zu den Methoden der dritten Stufe gehören körperliche Einschränkungen einer Person, ohne diese zu verletzen. Rein rechtlich gesehen wenden Sie ab hier körperliche Gewalt gegen einen Mitmenschen an und begehen damit eine Straftat, die erst durch eine vorliegende Notwehrlage gerechtfertigt ist und somit straffrei bleibt.

Kontrolltechniken sind die schwächste Form der körperlichen Gegenwehr. Anstatt den Gegner körperlich zu schädigen, verursachen Sie nur Schmerzen oder schränken seine Bewegungsfreiheit ein. Zu diesem Zweck können Hebel und Haltegriffe, sowie die Anwendung von Körperdruckpunkten zum Einsatz kommen.

Als Privatperson müssen Sie sich nur selten in Situationen einlassen, in denen es sinnvoll ist, Kontrolltechniken einzusetzen. Häufig lassen sich solche Fälle auch durch Weggehen lösen. Am ehesten kann es im Kreis von Familie und Bekannten (z. B. Betrunkene) zu Situationen kommen, in denen es notwendig ist, Kontrolltechniken anzuwenden. In Notwehrsituationen mit Beteiligung von Fremden können Kontrolltechniken häufig unterstützend eingesetzt werden, z. B. um Zeit für eine Flucht zu gewinnen.

Schmerz

Verletzungen verursachen meistens auch Schmerzen, allerdings verursacht Schmerz nicht immer auch Verletzungen. Schmerz ist vornehmlich eine unangenehme Sinneswahrnehmung.

Da Schmerz, abhängig von der individuellen Schmerztoleranz, sehr unterschiedlich wahrgenommen werden kann und Drogen oder Alkohol die Wahrnehmung von Schmerzen stark abschwächen können, ist Schmerz ein sehr unzuverlässiges Mittel in Notwehrsituationen.

Achtung

Das Anwenden von Kontrolltechniken kann beim Empfänger, je nach persönlichen Vorerfahrungen, auch extreme Reaktionen auslösen. Wenn Sie versuchen, eine Person festzuhalten oder ihr Schmerzen zuzufügen, sollten Sie immer damit rechnen, schlagartig zu einer höheren Stufe der Gegenwehr springen zu müssen.

Nicht tödliche Körperverletzung

Während es bei den Kontrolltechniken noch darum geht, das Verhalten des Gegners zu beeinflussen und ein Verletzen des Gegners zu vermeiden, ist das explizite Ziel der beiden letzten Stufen, den Gegner zu verletzen. Dies dient dem Zweck, den Schaden, den Sie (oder andere Betroffene) nehmen, zu minimieren, indem Sie beim Gegner selbst Schaden verursachen und ihn entweder psychisch oder physisch so treffen, dass er Ihnen nicht mehr schaden kann oder will. Auf dieser Stufe versuchen Sie allerdings noch, bleibende Schäden beim Gegner zu vermeiden.

Solange sich eine Situation noch unter Ihrer Kontrolle befindet und Sie die Zeit haben, die für Sie angemessen erscheinende Stufe zu bestimmen, ist eine Gegenwehr auf Stufe 4 oder 5 vermutlich noch nicht gerechtfertigt. Dies ist erst der Fall, wenn für Sie oder andere eine akute Gefahr für Leben oder körperliche Unversehrtheit besteht und der Täter bereits Schaden verursacht oder dies unmittelbar bevorsteht.

Selbstverständlich gilt hier erst recht: Wenn Sie Maßnahmen der Stufe 4 anwenden, begehen Sie eine Straftat, die erst durch das Vorliegen einer Notwehrlage gerechtfertigt wird und gegebenenfalls straffrei bleibt.

Potenziell tödliche Körperverletzung

Auf dieser Stufe wird keinerlei Rücksicht mehr auf den Gegner genommen. Als stärkste Form der Gegenwehr ist sie der Abwehr von Gefahren für das eigene Leben vorbehalten. Der Wechsel von Stufe 4 auf Stufe 5 ist zwar generell fließend, stellt aber qualitativ eine ganz andere Form der Gewalt dar. Im Klartext bedeutet dies, dass Sie, um einen Angriff auf Ihr eigenes Leben abzuwehren, versuchen, den Angreifer aus Notwehr so stark zu verletzen, dass dieser womöglich verkrüppelt oder getötet wird.

Damit es wirklich gerechtfertigt ist, einen Gegner nachhaltig zu schädigen oder gar zu töten, muss ein akuter lebensbedrohlicher Angriff (Würgegriff, Messerangriff) auf Ihr (in seltenen Fällen auch ein anderes) Leben vorliegen.

Ist die Notwehrhandlung nachweisbar gerechtfertigt, kommen Sie vermutlich auch in diesem Fall ohne schwerwiegende rechtliche Konsequenzen davon. Das bedeutet nicht, dass Sie keine Konsequenzen zu tragen brauchen. Dieses Maß an Gewalt anzuwenden kann (nicht muss!) durchaus schwere psychologische Folgen für den Notwehrübenden haben.

Wer nicht gerade aus beruflichen Gründen mit Gewalt zu tun hat, kann sich oft nur schwer vorstellen, wie eine Notwehrlage in der eine Gegenwehr auf Stufe 5 gerechtfertigt wäre, realistisch aussähe. Zum Glück fehlen den meisten Menschen hierzulande die Vergleichsmöglichkeiten dafür. Das folgende Beispiel soll verdeutlichen, dass es sich bei Notwehrhandlungen auf Stufe 5 oft um Verzweiflungstaten handelt, deren Hauptziel es ist, den Angreifer unter allen Umständen schnellstmöglich auszuschalten.

Stellen Sie sich vor, Sie gehen über eine Fußgängerbrücke, als ein großer, kräftiger Mann Sie überraschend von hinten umklammert und Ihnen ein Messer an die Kehle hält. Er fordert keine Wertsachen und beabsichtigt offensichtlich, Ihnen Gewalt anzutun und Sie zu töten. Würde es Ihre Überlebenschancen sehr verschlechtern, wenn Sie sich mit dem Angreifer über das Brückengeländer werfen und zusammen vier Meter in die Tiefe stürzen? In einer Situation, die die Anwendung von Stufe 5 erfordert, wäre auch dies eine erwägenswerte Option.

Die rechtliche Anforderung ist in der Theorie recht einfach aber in der Praxis zum Teil schwierig umzusetzen: Hört der Angreifer zu kämpfen auf, müssen Sie umgehend zu einer niedrigeren Stufe der Gegenwehr wechseln. Je nach Situation wird Ihr Gegner allerdings weniger rechtliche Bedenken haben und Sie möglicherweise sofort wieder angreifen. Sie sollten daher stets damit rechnen, bei Bedarf sofort wieder auf eine höhere Stufe springen zu müssen. Am sichersten ist es daher in solch einer Situation die Gelegenheit zu einem schnellen Rückzug zu nutzen.

Faktoren, für einen Wechsel auf eine niedrigere Stufe:

- Sie sind am Gewinnen
- Der Gegner hört auf zu kämpfen
- Der Gegner versucht zu entkommen
- Der Gegner verursacht keinen Schaden mehr
- Der Gegner liegt am Boden
- Sie haben den Gegner unter Kontrolle

Faktoren, für einen Wechsel auf eine höhere Stufe:

- Sie sind am Verlieren
- Sie nehmen weiterhin Schaden
- Sie ermüden schnell
- Sie verlieren die Kontrolle über den Gegner
- Der Gegner zieht eine Waffe

Dabei gilt es immer die Bedrohung realistisch einzuschätzen. Geht der Gegner zu Boden und zieht dann ein Messer, so nimmt die Bedrohung zu und rechtfertigt wahrscheinlich den Wechsel zu einer höheren Stufe.

In einer akuten Bedrohung die Entscheidung für das richtige Maß an Gegenwehr zu treffen, erscheint zunächst schwer. Zumal die Folgen einer falschen Entscheidung sehr dramatisch wirken. Wehren Sie sich auf einer zu hohen Stufe droht Gefängnis, während Sie bei einer zu niedrigen Stufe verletzt oder gar getötet werden könnten.

Ganz so schlimm ist es am Ende dann meistens aber nicht:

- In einer Notwehrsituation haben die meisten Menschen Angst. Auch wenn Angst ein höheres Maß an Gegenwehr nicht erlaubt, so entschuldigt sie dieses nach § 33 StGB

- Ein normal sozialisierter, moralisch denkender Mensch wird sich eher auf einer niedrigeren Stufe verteidigen, als auf einer zu hohen.

- Ob Sie zu Stufe 4 oder 5 greifen müssen, bestimmt der Angreifer. Sie brauchen nicht zu wählen, sondern müssen nur auf den tätlichen Angriff reagieren.

Exkurs - Rechte & Pflichten nach der Tat

Eine persönliche Gewalterfahrung ist häufig eine einschneidende Erfahrung. Obwohl die Gewalt selbst in vielen Fällen (von häuslicher Gewalt einmal abgesehen) nur wenige Minuten andauert, können die Folgen das Opfer noch lange begleiten. Neben den medizinischen, sozialen und psychologischen Folgen, die nicht Teil dieses Buches sein sollen, beinhaltet dies auch rechtliche Folgen und in direktem Zusammenhang damit auch finanzielle Folgen. Aus einer Notwehrsituation gehen Sie nur dann als „Sieger" hervor, wenn Sie auch die Langzeitfolgen bewältigt haben. Dabei gehört das Verhalten direkt nach der Tat genaugenommen noch zum Kapitel „Umsetzung". Denn das Absetzen eines Notrufes und leisten von erster Hilfe steht in direktem Bezug zu Ihrer Notwehrhandlung.

Ich habe mich gewehrt, was jetzt?

Es gibt eigentlich nur drei unterschiedliche Weisen, auf die eine Notwehrlage enden kann. Die für das Opfer beste Möglichkeit besteht darin, dem Täter zu entkommen. Wenn Sie vor dem Täter weggelaufen sind, sollten Sie Ihre Flucht fortsetzen, bis Sie sich an einem sicheren Ort befinden, an dem Sie vor weiteren Zugriffen geschützt sind und Hilfe bekommen oder rufen können. Die Vorteile dieses Endes liegen auf der Hand. Es kommt zu keinen weiteren Verletzungen und die rechtlichen Folgen für das Opfer bleiben aus.

Weiterhin besteht die Möglichkeit, dass das Opfer den Täter ausschaltet oder seinen Willen, die Tat weiter durchzuführen, bricht. Da beides häufig durch körperliche Gewalt erfolgt, ist dies der klassische Fall von erfolgreicher Notwehr. Auch in diesem Fall sollten Sie sich danach unbedingt an einen sicheren Ort begeben und von dort einen Notruf absetzen, um die Polizei und den Rettungsdienst (für den Täter und gegebenenfalls sich selbst) zu verständigen. Ist der Täter lebensbedrohlich verletzt, kann es erforderlich sein, dass Sie lebensrettende Sofortmaßnahmen ergreifen oder Zeugen dazu heranziehen. Achten Sie auf jeden Fall darauf, dass Sie beim Verlassen des Tatorts nicht für einen flüchtenden Täter gehalten werden oder Sie sich der unterlassenen Hilfeleistung schuldig machen. Sind Zeugen zugegen, sprechen Sie diese an und fordern Sie sie zur Mithilfe auf.

Und zu guter Letzt kommt es (nicht gerade selten) vor, dass der Täter seine Tat vollendet und dann von seinem Opfer ablässt. Nicht immer ist dies auch der schlechteste Ausgang. Ein Straßenräuber, der mit der erbeuteten Handtasche flüchtet, ohne dass jemand verletzt wurde, verursacht zwar einen finanziellen Verlust, mehr aber auch nicht. In den meisten Fällen ist dies auch für das Opfer der sicherste Ausweg aus der Notwehrlage. Allerdings gibt es auch Fälle, in denen mit weit schlimmeren Folgen zu rechnen ist. Vergewaltiger, Hooligans und andere Täter, die es auf den Akt der Gewalt als Selbstzweck anlegen, richten oft verheerende körperliche und psychische Schäden an, bevor sie sich nach vollendeter Tat zurückziehen.

Achtung: Dieses Buch geht vor allem auf die rechtlich relevanten Verhaltensweisen nach einer Notfallsituation ein. Darüber hinaus ist es natürlich ebenfalls erforderlich, zu prüfen, ob man selbst verletzt ist und sich um die medizinische Erstversorgung zu kümmern. Unabhängig vom Ausgang der Notwehrsituation sollten Sie immer die Polizei verständigen und den Vorfall melden. Sollte (nach erfolgreicher Notwehr) auch der Täter bei der Polizei anrufen, möchten Sie lieber vor ihm auf der Anruferliste stehen. Wenn Sie den eigenen Zustand oder den des Täters nicht richtig einschätzen können, fordern Sie neben der Polizei am besten immer einen Rettungswagen mit an.

Die deutsche Notrufnummer für die Polizei ist die 110. Zudem gibt es noch eine zweite Notrufnummer, die 112 für den Rettungsdienst (Feuerwehr, Notarzt, Krankenwagen). Die 112 ist dabei nicht nur in Deutschland, sondern europaweit gültig und immer gebührenfrei. Im Zweifelsfall können Sie über jede der Nummern alle Arten von Hilfe anfordern, oder Sie werden von dort weiterverbunden. Es ist also unerheblich, wenn Sie im akuten Stress der Situation womöglich die verkehrte Nummer anrufen. Selbst mit einem Mobiltelefon ohne Guthaben oder ohne den PIN zu kennen, können Sie normalerweise einen Notruf absetzen (ohne SIM-Karte ist dies allerdings nicht möglich). Somit ist die Notrufstelle recht einfach zu erreichen. Doch was dann? Selbst erfahrene Profis, die selbst im Rettungsdienst tätig sind, haben es schon geschafft, den Notruf zu vergeigen. Verinnerlichen Sie daher bitte die 5 Ws.

Der Notruf in Kürze:

- Notrufnummer: 112
- **Wo** sollen die Rettungskräfte hinkommen?
- **Was** ist passiert?
- **Wie viele** Personen sind betroffen/beteiligt?
- **Wer** ruft an?
- **Warten** auf Rückfragen!
- Hilfeleistung nach der Notwehrhandlung

Bei besonders schweren Verletzungen reicht es oft nicht, den Notruf abzusetzen und auf professionelle Hilfe zu warten. Wenn einer der Beteiligten eine stark blutende Wunde erlitten oder das Bewusstsein verloren hat, sind lebensrettende Sofortmaßnahmen erforderlich. Ist der Täter bewusstlos und war alleine, können Sie offene Verletzungen verbinden und ihn zumindest in eine stabile Seitenlage bringen oder – bei Herz- und Atemstillstand – sogar mit der Herz-Lungen-Wiederbelebung beginnen. Sollte dies auf Grund der Bedrohlichkeit der Lage nicht möglich sein, brauchen Sie Ihre eigene Sicherheit nicht zu gefährden. Ist der Täter bei Bewusstsein, aber alleine, können Sie möglicherweise aus der Ferne helfen, indem Sie z. B. Verbandsmaterial besorgen oder Passanten als weitere Helfer ansprechen. Handelt es sich um eine Tätergruppe, so sollten Sie lieber in gehöriger Entfernung bleiben und es beim Absetzen des Notrufs belassen.

Die komplexen Zusammenhänge des deutschen Rechtssystems können hier nur zusammengefasst betrachtet werden. Ein wichtiger Punkt darf allerdings nicht unerwähnt bleiben:

§ 323c StGB - Unterlassene Hilfeleistung

(1) Wer bei Unglücksfällen oder gemeiner Gefahr oder Not nicht Hilfe leistet, obwohl dies erforderlich und ihm den Umständen nach zuzumuten, insbesondere ohne erhebliche eigene Gefahr und ohne Verletzung anderer wichtiger Pflichten möglich ist, wird mit Freiheitsstrafe bis zu einem Jahr oder mit Geldstrafe bestraft.

Wenn Sie einen Angreifer in Notwehr verletzt haben, sind Sie gesetzlich verpflichtet, diesem Hilfe zu leisten. Nur weil Sie von dieser Person angegriffen wurden, sind Sie von dieser Pflicht nicht befreit. Lediglich, wenn durch den Verletzten, dessen Freunde oder die allgemeine Situation noch eine Gefahr für Sie selbst besteht, sind Sie von der Pflicht zur Hilfeleistung befreit. Einen Notruf abzusetzen ist allerdings immer zumutbar und ohne Gefahr möglich und sollte daher immer unbedingt erfolgen.

Wer hat's gesehen?

Ressourcen- oder prozessorientierte Gewalt, wie Raub, Vergewaltigung oder Mord erfolgen im Allgemeinen unbeobachtet und frei von Zeugen. Andere Arten von Gewalt finden öffentlich und zum Teil sogar vor Publikum statt. So ist es durchaus beabsichtigt und erwünscht, dass die anderen Gäste zuschauen, wenn zwei junge Männer vor der Kneipe einen Faustkampf um Status und Dominanz austragen. Solange es nicht erforderlich ist, sich nach der Notwehrsituation sofort in Sicherheit zu bringen, können Sie die Gelegenheit nutzen, um Zuschauer und Passanten anzusprechen und sie höflich zu fragen, ob sie bereit wären, sich als Zeuge zur Verfügung zu stellen. Bitten Sie diese um ihren Namen und eventuell eine Telefonnummer. Ist eine große Anzahl möglicher Zeugen vor Ort, sollten Sie sich auf ein paar beschränken, die nüchtern sind und glaubwürdig wirken. Achtung: Fragen Sie nur nach den Kontaktdaten und versuchen Sie nicht mit den Leuten über den Vorfall zu sprechen. Eine versuchte Zeugenbeeinflussung macht hinterher einen sehr schlechten Eindruck. Denken Sie daran, dass diese Informationen immer nur freiwillig gegeben werden können. Niemand ist verpflichtet, Ihnen hier Auskunft zu geben. Sollte allerdings einige Monate später ein anwaltlicher Brief mit einer Schadensersatzforderung in Ihrer Post landen, kann es sehr nützlich sein, wenn Sie ein paar Zeugen benennen können.

Die Polizei ist da!

Da die Polizei unser Freund und Helfer ist und Sie ja in der Notwehrsituation (hoffentlich) nicht der Aggressor waren, ist es auch nicht weiter bedenklich, dass Sie es nach der Situation höchstwahrscheinlich mit der Polizei zu tun bekommen. Ein paar Dinge gibt es allerdings trotzdem zu beachten. Wenn der Notruf in der Zentrale eingeht, wird die Polizei auf den Weg geschickt. Die Beamten wissen zu diesem Zeitpunkt sehr wenig über die Lage vor Ort. Mit ein paar vagen Informationen erreichen sie den Ort des Geschehens und bekommen einen ersten Eindruck. Zum Beispiel sehen sie einen Mann der steht, während ein anderer blutend am Boden liegt. Die Polizisten wissen weder, was vorgefallen ist, noch, wer Täter oder Opfer ist. Die Sachlage legt aber nahe, dass derjenige, der noch steht, der Täter war. Handelt es sich hier wirklich um erfolgreiche Notwehr, so ist dies eher die Ausnahme, als die Regel. Auch Erklärungen wie „es war Notwehr", „der andere hat angefangen" oder „ich wars nicht" hören die Polizisten jeden Tag. Das heißt, dass es auch, wenn Sie den Notruf abgesetzt haben, je nach Schwere der Begleitumstände, sein kann, dass die Polizei Sie zunächst nicht wie das Opfer sondern wie den Täter behandelt.

Im weiteren Verlauf dieses Kapitels werden wir versuchen, die meisten Eventualitäten abzudecken. Diese beinhalten für den Notwehrleistenden mehrere denkbare Rollen. So ist es möglich, dass er als Geschädigter, als Beschuldigter oder als Zeuge betrachtet und entsprechend behandelt wird.

Wird der Notwehrleistende als Geschädigter betrachtet, so ist klar, dass er das Opfer einer Straftat war und physischen, psychischen und/oder materiellen Schaden genommen hat.

*Wird der Notwehrleistende als Beschuldigter an-
gesehen, so wird ihm eine Straftat vorgeworfen
und im allgemeinen ein Ermittlungsverfahren gegen ihn eingeleitet.*

*Als Zeuge gelten alle Beteiligten, die den Tather-
gang beobachtet haben. Auch der Geschädigte ist
meistens automatisch ein Zeuge.*

Sollte der Sachverhalt unklar oder Ihre Idendität nicht
feststellbar sein, z. B. weil Sie sich nicht ausweisen
können, so kann kann die Polizei Sie zunächst zur
Wache mitnehmen. dies ist auch der Fall, wenn Sie
offensichtlich aggressiv auftreten, stark alkoholisiert
erscheinen oder eine weitere Gefahr für Sie bestehen
könnte. Diese Form der Freiheitsbeschränkung ist
dann völlig legal und muss wohl oder übel erduldet
werden.

*Rechtliche Gründe für eine Freiheitsbeschhrän-
kung*

- Klärung des Sachverhalts

- Feststellung der Indentität

- Prüfung von Haftgründen (z. B. Schwere der Tat)

- Gefahrenabwehr

Unabhängig davon, wie sich die Beamten Ihnen gegenüber letztendlich verhalten, sollten Sie auf jeden
Fall ruhig und höflich bleiben. Leisten Sie keinen Wi-
derstand und behindern Sie die Arbeit der Polizisten
und Rettungskräfte nicht. Wenn es möglich ist, halten

Sie sich im Hintergrund, bis man Zeit für Sie hat. In den meisten Fällen ist es sinnvoll, die Ermittlungen der Polizei zu unterstützen und so weit wie möglich zu kooperieren. Das bedeutet allerdings nicht, dass Sie sofort bei der ersten Befragung eine umfangreiche Aussage zum Ablauf der Situation machen sollten. Die Nachwirkungen der in einer Notwehrsituation ausgeschütteten Stresshormone sind zu diesem Zeitpunkt nicht sehr hilfreich. Für eine angemessene Schilderung des Tathergangs ist es sinnvoll, sich unter Berufung auf die momentane emotionale Verfassung mit einer Aussage zurückzuhalten und höflich darauf zu bestehen, diese am nächsten Tag nachzuholen. Die wichtigsten Fakten sollten hier zunächst reichen: „Ich wurde angegriffen, ein Täter ist noch auf der Flucht...". Als Beschuldigter ist es Ihr gesetzlich verankertes Recht, die Aussage zu verweigern. Häufig ist es besser, zunächst davon Gebrauch zu machen. Bitten Sie höflich, aber bestimmt darum, erst am nächsten Tag aussagen zu dürfen: "Es tut mir leid, es geht mir nicht gut und ich bin ganz durcheinander. Ich möchte meine Aussage morgen nachholen...". Ist der Sachverhalt klar und die Polizei betrachtet Sie als Geschädigten, haben Sie leider kein Recht auf Aussageverweigerung. In diesem Fall gelten Sie als Zeuge und sind verpflichtet auszusagen, sofern Sie damit nicht sich selbst oder einen Verwandten belasten. Bitten Sie im Zweifelsfall auch darum, zunächst medizinisch untersucht zu werden, um auszuschließen, dass Sie selbst bisher unbemerkte Verletzungen davon getragen haben.

Wenn Sie nach Hause gehen dürfen, sollten Sie den Vorfall so bald wie möglich schriftlich festhalten. Schreiben Sie zunächst nur das auf, woran Sie sich klar erinnern, ohne lange über die Einzelheiten nachzudenken. Wenn Sie versuchen, die Einzelheiten im Gedächtnis zu rekonstruieren, wird daraus leicht eine Neukonstruierung. Versuchen Sie danach, sich gezielt zu entspannen. Konsumieren Sie keinen Alkohol, sondern trinken Sie viel Wasser, um den Körper beim Abbau der Stresshormone zu unterstützen. Nehmen Sie eine Dusche oder ein Bad und lenken Sie sich von dem Vorfall ab. Schlafen Sie sich so gut wie möglich aus. Nach dem Aufstehen sollten Sie sich nun hinsetzen, um die Ereignisse noch einmal, so wie sie sich daran erinnern, zu notieren. Vergleichen Sie die beiden Versionen anschließend, ohne sie zu verändern. Verständigen Sie dann einen Anwalt, um das weitere Vorgehen mit ihm abzusprechen. Wählen Sie am besten jemanden, der auf Notwehrrecht spezialisiert ist oder zumindest Erfahrung auf diesem Gebiet hat. Wenn Sie nun fachlich gut beraten sind, sollten Sie die Polizei kontaktieren, um Ihre Aussage nachzuholen.

Im ungünstigsten Fall kann es passieren, dass Sie direkt am Tatort vorläufig festgenommen werden. Normalerweise dauert eine vorläufige Festnahme maximal bis zum Ablauf des folgenden Tages. Eine längere Festnahme ist nur möglich, wenn besondere Haftgründe vorliegen.

Haftgründe:

- **Schwere der Tat**

- **Fluchtgefahr**
  Besteht der Verdacht, dass sich der Beschuldigte durch Flucht seiner Strafe entziehen will,
  so liegt ein Haftgrund vor.

- **Verdunklungsgefahr**
  Diese Haftgrund liegt vor, wenn der Be-
  schuldigte den Verdacht erregt, er könnte die
  Beweislage (z. B. durch Beeinflussung von
  Zeugen oder Vernichtung von Beweismaterial)
  zu seinen Gunsten beeinflussen wollen.

- **Wiederholungsgefahr**
  Auch wenn ein begründeter Verdacht vorliegt,
  dass der Beschuldigte vor einer Verurteilung
  weitere schwere Straftaten begehen wird, liegt
  ein Haftgrund vor.

In diesem Fall können Sie einem richter vorgeführt
werden, der dann eine Untersuchungshaft anordnet.
Auch in diesen Fällen sollten Sie unbedingt ruhig und
höflich bleiben. Auch hier gilt: Sagen Sie erst aus,
wenn Sie sich etwas ausgeruht haben und von einem
Anwalt beraten wurden. Kontaktieren Sie frühzeitig
einen Anwalt oder einen Familienangehörigen, der
sich um alles Nötige kümmert. Achtung: Im Allgemeinen ist bereits das erste Beratungsgespräch mit
dem Anwalt kostenpflichtig.

Guter Rat ist teuer und schwer zu finden

Wenn Sie keinen Spezialisten für Notwehrrecht finden können, suchen Sie stattdessen nach einem Fachanwalt für Körperverletzungsdelikte. Je mehr sich Ihr Verteidiger spezialisiert hat, desto besser. Um einen Anwalt zu suchen, brauchen Sie nicht zu warten, bis die Notwendigkeit eintritt, denn dann fehlen vermutlich die Zeit und die Ruhe für eine langwierige Recherche. Suchen Sie ruhig schon jetzt in aller Ruhe nach einem geeigneten Anwalt in Ihrer Region. Ein lokaler oder überregionaler Anwaltsverein kann Sie hierbei unterstützen.

Achtung: Das Einschalten eines Anwalts ist für den Beschuldigten dringend empfohlen. Allerdings bringt dringt dies häufig ein bürokratisches Problem mit sich. Häufigbesteht der Anwalt darauf, dass er Akteneinsicht erhält, bevor er sie zu Ihrer Aussage beraten kann. Diese Akteneinsicht kann aber rechtlich erst nach der Aussage erfolgen. Es kann also durchaus passieren, dass Sie einen Anwalt finden, der Sie unterstützt, Sie Ihre erste Aussage aber trotzdem ohne anwaltliche Beratung machen müssen.

Sie haben das Recht zu schweigen

Diesen Satz kennt man aus dem Fernsehen, aber kennen Sie auch Ihre übrigen Rechte im Falle einer vorläufigen Festnahme?

Sie haben in der Tat das Recht, sich zur Beschuldigung zu äußern oder die Aussage zu verweigern.

Soweit die Untersuchung dadurch nicht gefährdet wird, dürfen Sie einen Angehörigen oder eine Person Ihres Vertrauens benachrichtigen (Ihre Familie zu kontaktieren, damit sie sich keine Sorgen macht, ist erlaubt, einen Kumpel zu benachrichtigen, der die Zeugen einschüchtern soll, nicht).

Auch vor der Vernehmung dürfen Sie jederzeit einen von Ihnen gewählten Verteidiger befragen.

Sie haben das Recht auf die Untersuchung durch einen Arzt oder eine Ärztin Ihrer Wahl.

Ohne gerichtliche Entscheidung dürfen Sie nicht länger als bis zum nächsten Tag festgehalten werden. Dann müssen Sie dem Gericht vorgeführt werden, das Sie zu vernehmen und über Ihre weitere Inhaftierung zu entscheiden hat. Allerdings kann das Gericht eine Untersuchungshaft anordnen, wenn es befürchtet, dass eine Fluchtgefahr, eine Wiederholungsgefahr oder eine Verdunklungsgefahr (Beeinflussung von Zeugen, Vernichtung von Beweismitteln o. ä.) droht.

Sie können selbst Personen benennen, die als Zeugen befragt werden sollen oder einzelne Beweiserhebungen zu Ihrer Belastung beantragen.

Auch bei Aufrechterhaltung der Untersuchungshaft nach Vorführung vor dem zuständigen Richter haben verschiedene Rechte.

Sie können eine Haftprüfung und eine mündliche Verhandlung beantragen. Dadurch haben Sie die Möglichkeit, persönlich mit dem Haftrichter zu sprechen und sein auf den reinen Fakten basierendes Bild des Tatablaufs zu revidieren.

Sie können eine gerichtliche Entscheidung gegen behördliche Maßnahmen im Untersuchungshaftvollzug beantragen.

Sie können einen Antrag an den zuständigen Haftrichter stellen, um Maßnahmen der Staatsanwalt, der Vollzugsbeamten oder der Leitung der Haftanstalt, mit denen Sie nicht einverstanden sind, entgegenzuwirken. Konkret heißt das, dass Sie gegen fast alles Widerspruch einlegen können, allerdings nicht immer mit Aussicht auf Erfolg.

Bedenken Sie bei allen möglichen Unannehmlichkeiten, dass alle Beteiligten an diesem Prozess nur Ihre Arbeit tun. Ein Polizist oder Justizvollzugsbeamte ist auch nur ein Mensch. Zeigen Sie bitte Verständnis und Respekt.

Auch das Verhalten nach der vollzogenen Notwehr erfordert eine richtige Entscheidung. Die richtige Umsetzung ermöglicht es, sich selbst zu schützen und trotzdem den rechtlichen Pflichten (z. B. zur Hilfeleistung) nachzukommen.

Mit dem Eintreffen der Polizei setzt auch die Notwendigkeit einer guten Rechtfertigung ein. Haben Sie bis hierher gute Entscheidungen getroffen und diese korrekt umgesetzt, hängt alles Weitere an der Fähigkeit, Ihr Handeln glaubhaft und nachvollziehbar zu erklären.

Exkurs - Rechtliche Folgen

Auch wenn das deutsche Notwehrgesetz einfach gehalten und in der Anwendung recht robust ist, führen
die Einzelheiten der Notwehrsituation, die Ereignisse, die diese herbeiführten und die individuelle Einschätzung des Richters zu vielfältigen und komplexen
Auslegungsmöglichkeiten und dementsprechenden
Urteilssprüchen. In Deutschland sind Gerichtsurteile
immer vom Einzelfall abhängig, so dass das Ergebnis
nie mit hundertprozentiger Sicherheit vorausgesagt
werden kann. Als moralisch denkender und handeln-
der Mensch haben Sie nach der Ausübung von Notwehr aber normalerweise keine dramatischen rechtlichen Folgen zu erwarten. In diesem Exkurs betrachten
wir zunächst, welche rechtlichen Auswirkungen Sie
nach einer erfolgreichen Notwehrhandlung erwarten
können, bevor wir schauen, wie Ihre Fähigkeiten zur
Rechtfertigung den Ausgang zu Ihren Gunsten wenden können.

Es war Notwehr! Aber können Sie das beweisen?

Sind Sie sich eigentlich darüber im Klaren, dass Sie
mit den Worten „Es war Notwehr" schon ein halbes
Geständnis abgelegt haben? Sie haben damit nämlich
zugegeben, dass Sie die Tat begangen haben, schließlich können Sie nicht sagen: „Ich war es nicht und
außerdem war es Notwehr." Somit ist der halbe Tatbestand bereits geklärt. Jetzt ist nur noch die Prüfung
der weiteren Umstände erforderlich. Dafür geht man
vor Gericht nach einem einfachen Schema vor.

1. Prüfung des Tatbestandes

a) Der objektive Tatbestand

Notwehrlage

- War ein Angriff gegenwärtig?
- Richtete sich der Angriff gegen ein geschütztes Rechtsgut?
- War der Angriff rechtswidrig?

Notwehrhandlung

- Richtet sich die Verteidigung gegen den Angreifer
- War die Verteidigung erforderlich?
- War die Verteidigung angemessen?

b) Der subjektive Tatbestand

- Lag ein Verteidigungswille vor?

Objektiver und subjektiver Rechtfertigungsgrund

Generell können Sie eine Handlung nur dann als Notwehr rechtfertigen, wenn ein Verteidigungswille vorliegt. Wenn hingegen ein Angriffswille vorliegt, so ist dies keine Notwehr, selbst wenn das Vorliegen einer Notwehrlage Ihre Handlung rechtfertigen würde. Um sowohl beim Notwehrexzess, als auch bei der Putativnotwehr zumindest mildernde Umstände angerechnet zu bekommen, muss auch hier der

Verteidigungswille nachgewiesen werden. Der sogenannte Verteidigungswille entspricht hierbei dem subjektiven Rechtfertigungsgrund für die (möglicherweise nur angenommene) Notwehrhandlung. Das bedeutet, Sie haben sich subjektiv, aus Ihrer persönlichen Wahrnehmung der Situation, in einer Notwehrlage befunden und rechtfertigen Ihr darauf folgendes Handeln mit dem Willen, sich zu verteidigen.

2. Prüfung der Schuldfähigkeit

• War der Angreifer schuldfähig?

Um dieses Schema abzuarbeiten, müssen Beweise erbracht und Zeugen befragt werden. Entscheidend dafür, wie dies geschieht, ist die Art des Gerichtsverfahrens. Möglicherweise ist Ihnen bereits aufgefallen, dass der Notwehrparagraf nicht nur im Strafgesetzbuch (StGB § 32), sondern auch im Bürgerlichen Gesetzbuch (BGB § 227) zu finden ist. Erstattet einer der Beteiligten Strafantrag, kann er so eine Geld- oder Freiheitsstrafe erwirken. Dieser Ablauf erfolgt strafrechtlich nach dem Strafgesetzbuch. Außerdem kann er versuchen, Schadensersatz- oder Schmerzensgeld zu fordern. Dies wird dann zivilrechtlich nach dem Bürgerlichen Gesetzbuch geregelt. Dabei unterscheiden sich der Zivil- und der Strafprozess nicht nur im Ergebnis, sondern auch im Ablauf. In den beiden Prozessarten ist die Beweislast unterschiedlich verteilt. Während in einem strafrechtlichen Prozess die Beweislast bei der Staatsanwaltschaft liegt, liegt diese bei einem zivilrechtlichen Prozess bei den beteiligten Parteien. Konkret bedeutet dies, dass die Staatsanwaltschaft für einen Strafprozess den Rechtfertigungsgrund und damit die Rechtfertigung nach dem vorangegangenen Schema der Notwehr prüft. Bei einem Zivilprozess müssen sich die Beteiligten selbst rechtfertigen und diese Rechtfertigung beweisen. Anschließend prüft das Gericht, ob die Tat die Bedingungen des aufgeführten Schemas erfüllt.

Achtung: Selbst wenn das Strafgericht Sie freispricht, können Sie anschließend in einem zivilrechtlichen Prozess zu einer Zahlung verurteilt werden. Da beide Gerichte unabhängige Instanzen sind, können sie auch zu komplett unterschiedlichen Urteilen kommen. Der jeweils zweite (im Allgemeinen der zivilrechtliche) Prozess bezieht sich dabei nicht zwangsweise auf das Ergebnis des vorangegangenen Prozesses. Durch die Umkehr der Beweislast besteht die Gefahr, dass Sie den Strafprozess, für den die Staatsanwaltschaft die Beweisführung übernimmt, gewinnen und den möglicherweise folgenden Zivilprozess, in dem Sie die Beweise selbst erbringen müssen, verlieren.

Wann kommt es zu einer Strafverfolgung?

Kam es zu einer leichten oder fahrlässigen Körperverletzung, so kann es auch zu einer Strafverfolgung kommen. Allerdings ist dafür ein ausdrücklicher schriftlicher Antrag (Strafantrag) des Geschädigten nötig.

Kommt es zu anderen Formen der Körperverletzung, wie der gefährlichen oder schweren Körperverletzung, so können diese auch gegen den Willen des Geschädigten und ohne Strafantrag strafverfolgt werden. Dabei ist zunächst völlig unerheblich, ob die Körperverletzung durch den Täter oder durch das eigentliche Opfer (Notwehr) begangen wurde.

Eine Anzeige oder ein Strafantrag verpflichten die zuständigen Behörden zur Ermittlung. Der Vorgang erhält einen zuständigen Sachbearbeiter und ein Aktenzeichen. Das Aktenzeichen wird für den weiteren Kontakt, egal ob schriftlich (z. B. Nachreichung der Schadensaufstellung) oder telefonisch (z. B. bei Nachfragen durch Ihre Versicherung oder Ihren Anwalt) benötigt.

Sobald die Polizei ihre Ermittlungen abgeschlossen hat, gibt sie die Ergebnisse an die Staatsanwaltschaft weiter, die den Fall mit einem neuen Aktenzeichen versieht, das Sie bei Bedarf bei der Polizei erfragen können.

Wenn Sie einen Strafantrag gestellt haben, werden Sie im Zuge der Ermittlungsarbeit als Zeuge vernommen und im weiteren Verfahrensverlauf nicht als Kläger, sondern als Zeuge behandelt.

Achtung: Sie haben als Zeuge kein Recht auf Akteneinsicht. Machen Sie sich also Notizen zu Ihrer eigenen Aussage oder sprechen Sie mit Ihrem Anwalt ab, ob Sie diese lieber schriftlich einreichen.

Auch die Vernehmung von Tätern und weiteren Zeugen werden im Rahmen der Ermittlungsarbeit durchgeführt. Von der Vernehmung nach einer Festnahme abgesehen, geht einer Vernehmung im Allgemeinen eine Vorladung voraus. Wichtig ist nun, wer diese Vorladung ausstellt. Handelt es sich um eine polizeiliche Vorladung, so sind Sie nicht verpflichtet, dieser Folge zu leisten, während eine Vorladung durch die Staatsanwaltschaft verpflichtend ist. In beiden Fällen dürfen Sie allerdings weiterhin die Aussage verweigern oder eine Person Ihres Vertrauens (z. B. Ihren Rechtsanwalt) mitbringen.

Zu welchen Ermittlungsergebnissen kann die Staatsanwaltschaft kommen und welche Folgen haben diese?

1. Vorläufige Einstellung des Verfahrens ohne Folgen

Dies geschieht wegen Unschuld, Beweisnot oder Geringfügigkeit, wenn:

- kein Tatverdächtiger gefasst werden kann

- das Ergebnis für eine Anklage nicht ausreicht

- die Schuld des Täters als gering angesehen wird

Allerdings kann ein Verfahren bis zum Ablauf der Verjährungsfrist jederzeit wieder aufgenommen werden (z. B. wenn neue Beweise auftauchen).

2. Vorläufige Einstellung des Verfahrens mit Folgen

Mit der Zustimmung von Gericht und Beschuldigtem kann dieser verpflichtet werden, bestimmten Forderungen (z. B. Wiedergutmachungszahlung, gemeinnützige Arbeit, Täter-Opfer-Ausgleich) nachzukommen, nach deren Erfüllung das Verfahren endgültig eingestellt wird.

3. Erhebung der Anklage

Besteht ausreichend Tatverdacht gegen den Beschuldigten und wird das Verfahren nicht nach den oben aufgeführten Abläufen eingestellt, kommt es zur Anklageerhebung und damit dem Beginn des Gerichtsverfahrens

Der Strafprozess

Als erster Schritt des Gerichtsverfahrens werden gleich nach der Anklageerhebung die beschuldigte Person und der vorgeworfene Tatbestand benannt. Nur auf die in diesem Rahmen benannten Tatbestände und Beschuldigten bezieht sich das folgende Gerichtsverfahren.

Auch jetzt kann das Gericht das Verfahren in Einvernehmen mit der Staatsanwaltschaft jederzeit einstellen. Allerdings ist es hierfür erforderlich, dass der Angeklagte bestimmte Auflagen erfüllt. Aber auch sonst muss ein Gerichtsverfahren nicht zwangsweise in einer gerichtlichen Hauptverhandlung gipfeln. Wenn die Staatsanwaltschaft eine solche Verhandlung für unnötig hält, kann sie stattdessen auch einen Antrag auf Strafbefehl stellen. Stimmt das Gericht diesem zu, können auch ohne weitere Gerichtsverhandlungen Rechtsfolgen angeordnet werden.

Zu den möglichen Rechtsfolgen zählen:

- Geldstrafe
- Verwarnung mit Strafvorbehalt
- Freiheitsstrafe auf Bewährung

Zu diesem Zeitpunkt kann nur dann eine Freiheitsstrafe verhängt werden, wenn der Angeklagte einen Verteidiger bestimmt hat. Eine Freiheitsstrafe unter einem Jahr kann gar nicht verhängt werden. Ist der Strafbefehl erlassen, hat der Angeklagte zwei Wochen Zeit, um dagegen Einspruch einzulegen. Danach wird der Strafbefehl rechtskräftig.

Zur Hauptverhandlung kommt es nur, wenn kein Antrag auf Strafbefehl gestellt wurde oder gegen diesen erfolgreich Einspruch erhoben wurde.

Erhalten Sie eine Ladung zur Hauptverhandlung, so sind Sie zwingend verpflichtet, den Gerichtstermin wahrzunehmen. Lediglich unter Angabe von dringenden Gründen (z. B. Erkrankung mit ärztlichem Attest) sowie mit einer darauffolgenden ausdrücklichen Erlaubnis des Gerichts ist es möglich, dem Termin fernzubleiben. Ansonsten müssen Sie damit rechnen, die Kosten des Termins (Anwaltskosten, Fahrtkosten, Verdienstausfall der Zeugen) und ein Ordnungsgeld zahlen zu müssen. Zudem kann es sein, dass Sie zum nächsten Termin von der Polizei abgeholt werden, um Ihre Anwesenheit sicherzustellen.

Als nächstes kommt es zur Verlesung der Anklage, an die sich dann die Befragung des Angeklagten anschließt. Das Gericht, Anwälte (Staatsanwalt, Opferanwalt und Verteidiger) und Nebenkläger dürfen den Angeklagten befragen, der allerdings weiterhin das Recht hat, die Aussage zu verweigern.

Anschließend werden alle relevanten Tatsachen und Beweismittel im Rahmen der Beweisaufnahme vorgestellt. Um in das Urteil einfließen zu dürfen, müssen hier auch alle Beweise und Aussagen aus dem Ermittlungsverfahren erneut vorgetragen werden.

Es folgt die Zeugenvernehmung. Die Zeugen dürfen sich dabei ebenfalls von einem Rechtsanwalt oder einem nichtverfahrensbeteiligten Begleiter unterstützen lassen. Wer als Zeuge aussagen muss, sollte sich frühzeitig eigenständig nach einem Zeugenbegleitprogramm erkundigen. Das Opfer sollte zudem nach einem Zeugenzimmer fragen. Solche Zimmer bieten eine Rückzugsmöglichkeit für das Opfer, um sich mental auf die Verhandlung vorzubereiten und helfen, eventuelle Begegnungen mit dem Täter oder dessen Angehörigen auf dem Gerichtsflur zu vermeiden. Häufig sind Zeugenzimmer kindgerecht eingerichtet und mit geschulten Betreuern für die psychosoziale Prozessbegleitung besetzt.

Bei der Befragung sollten sich die Antworten des Zeugen immer an den vorsitzenden Richter richten, unabhängig davon, ob der Fragesteller ein Anwalt, Schöffe, Beisitzer oder der Richter selbst ist. Eine Falschaussage ist strafbar, so dass die Aussage immer vollständig und wahrheitsgemäß erfolgen muss.

Wenn ein Zeuge durch die Aussage vor Gericht emotional stark belastet wird, oder er die Zulässigkeit einer gestellten Frage anzweifelt, darf er sich damit jederzeit an den vorsitzenden Richter wenden.

Auf Grund des langen Zeitraums, über die sich ein Ermittlungsverfahren hinziehen kann, ist es gut möglich, dass sich ein Zeuge nicht mehr an alle Einzelheiten erinnern kann. Dies sollte er dann offen zugeben und eventuell sogar um die Verlesung seiner älteren Aussagen bitten.

Zu guter Letzt hat auch der Zeuge unter Umständen das Recht, eine Aussage zu verweigern. Dies ist allerdings nur dann der Fall, wenn er einer beruflichen Schweigepflicht unterliegt (z. B. priesterliche oder ärztliche Schweigepflicht) oder er mit dem Angeklagten verwandt oder verschwägert ist. Wenn eine Aussage einen nahen Angehörigen oder sogar den Zeugen selbst belasten würde, darf dieser die Aussage ebenfalls verweigern.

Wurde die Beweissaufnahme und die Vernehmung von Zeugen und Angeklagten abgeschlossen, folgt zum Schluss die Urteilsverkündung.

Mögliche Urteile:

- Verwarnung mit Strafvorbehalt
- Geldstrafe
- Freiheitsstrafe mit Bewährung
- Freiheitsstrafe ohne Bewährung
- Freispruch

Ermittlung gegen das „Opfer"

Unabhängig davon, dass der eigentliche Täter, nachdem er eine rechtmäßige Notwehrhandlung über sich ergehen lassen musste, der Meinung sein könnte, vom Notwehrübenden in einem Zivilprozess Schadensersatz fordern zu müssen, kommt es üblicherweise auch zu strafrechtlichen Ermittlungen gegen das eigentliche Opfer. Eine erfolgreiche Notwehr erfüllt in den meisten Fällen zunächst den Tatbestand einer Körperverletzung gemäß Strafgesetzbuch. Da die Notwehrhandlung eine Straftat darstellt, besteht in diesem Fall ein sogenannter Verfolgungszwang. Dem entsprechend ist die Staatsanwaltschaft verpflichtet, auch gegen das eigentliche Opfer Ermittlungen einzuleiten. Sollte die Staatsanwaltschaft im Zuge ihrer Ermittlungen zu dem Schluss kommen, dass die Notwehrlage nicht gegeben war oder die Notwehr überschritten wurde, so wird das bisherige Opfer zum Täter.

Doch womit muss das „Opfer" rechnen, wenn das Gericht die Erforderlichkeit der Notwehrhandlung nicht anerkennt? Je nach Schwere der Notwehrhandlung drohen hier verschiedenste Strafen. Die folgende Tabelle gibt einen Überblick darüber.

Arten der Körperverletzung

- Körperverletzung (§ 223 StGB):
  Freiheitsstrafe von bis zu fünf Jahren bzw. Geldstrafe, Versuch ist strafbar

- Fahrlässige Körperverletzung:
  Freiheitsstrafe von bis zu drei Jahren bzw. Geldstrafe

- Gefährliche Körperverletzung (§ 224 StGB) mittels einer Waffe oder eines gefährlichen Gegenstands, mittels eines hinterlistigen Überfalls, mit einem anderen Beteiligten gemeinschaftlich, mittels einer das Leben gefährdenden Behandlung (z. B. Würgen):
  Freiheitsstrafe von drei Monaten bis zehn Jahren

- Schwere Körperverletzung (§ 226 StGB) mit Verlust des Sehvermögens auf einem oder beiden Augen, mit Verlust des Gehörs, mit Verlust des Sprachvermögens, mit Verlust der Fortpflanzungsfähigkeit, mit Verlust oder dauerhafter Beschädigung eines wichtigen Körpergliedes, mit dauerhafter Lähmung, geistiger Krankheit oder Behinderung:
  Freiheitsstrafe von sechs Monaten bis zehn Jahren

- Vorsätzliche schwere Körperverletzung (§ 226 StGB):
  Freiheitsstrafe nicht unter drei Jahren

- Körperverletzung mit Todesfolge (§ 227 StGB):
  Freiheitsstrafe nicht unter drei Jahren

- Fahrlässige Tötung (§ 222 StGB):
  Freiheitsstrafe bis zu fünf Jahren bzw. Geldstrafe

Verurteilt - und jetzt?

Wurden Sie vor Gericht für schuldig befunden, ist noch nicht alles verloren. Ihnen bleibt noch die Möglichkeit, sogenannte Rechtsmittel einzulegen. Zu diesen Rechtsmitteln zählen die Berufung und die Revision. Bei der Berufung geht das Verfahren vor die nächste Instanz (das nächst höhere Gericht) und wird dort komplett neu verhandelt. Hier können neue Zeugen befragt und neue Beweise vorgelegt werden. Wird man auch hier für schuldig befunden, bleibt einem nur noch die Revision. Bei der Revision gibt es keine komplett neue Verhandlung. Die nächste Instanz prüft lediglich, ob es im vorangegangenen Verfahren zu Verfahrensfehlern gekommen ist. Ist dies nicht der Fall, so bleibt das Urteil rechtskräftig.

Schematischer Ablauf des Strafprozesses

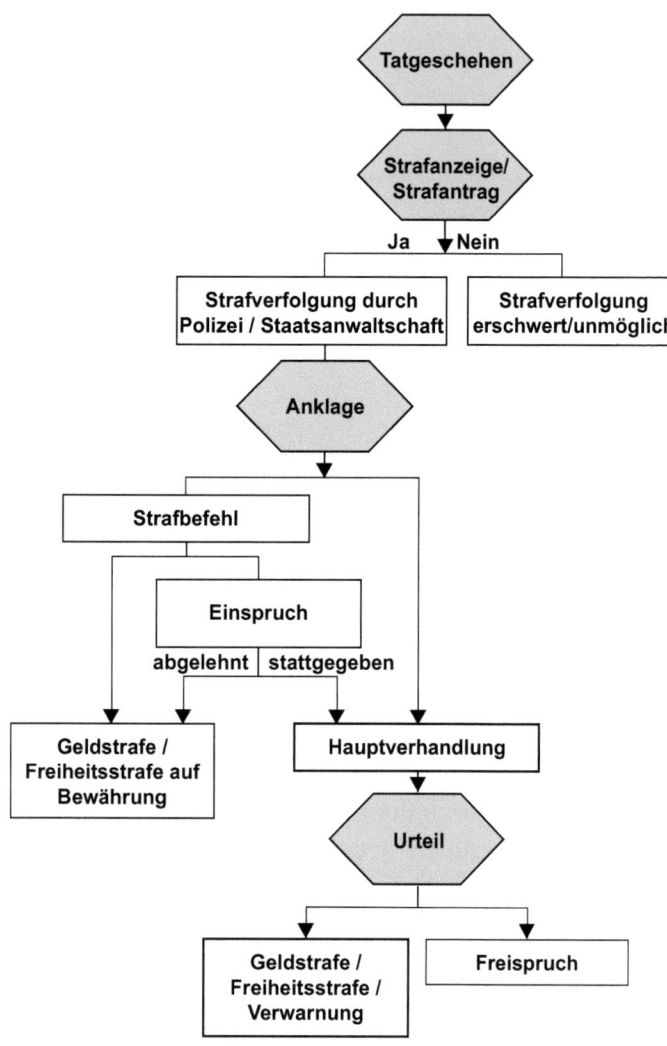

Schematischer Ablauf der Rechtsmittel

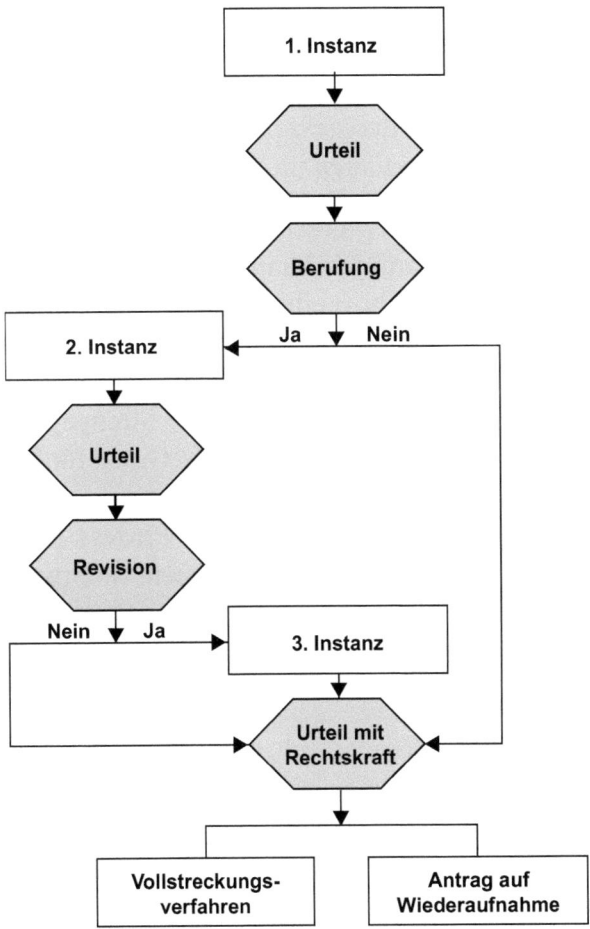

Der Zivilprozess

Wie bereits erwähnt, geht es im Zivilprozess nicht um die Bestrafung des Angeklagten, sondern um die Entschädigung des Klagenden. Dabei unterscheidet sich das Verfahren im Zivilprozess in einigen grundlegenden Punkten vom Verfahren im Strafprozess.

Damit das Gericht die Zulässigkeit der Klage prüfen und den Streitwert ermitteln kann, muss der Klagende zunächst eine Klageschrift einreichen. In dieser muss neben der Benennung der Parteien (Klagender und Beklagter) auch das zuständige Gericht und vor allem der Streitgegenstand benannt sein. Der Streitgegenstand setzt sich dabei vor allem aus dem Grund für die Klage und der angestrebten Entschädigung zusammen. Unter welche Zuständigkeit ein Prozess fällt, ist vom Streitwert abhängig. Bis zu einem Streitwert von 5.000,- € ist das örtliche Amtsgericht zuständig. Übersteigt der Streitwert die 5.000,- € geht der Fall bereits in erster Instanz vor das Landesgericht.

Bevor es zu einer Gerichtsverhandlung kommt, wird allerdings meistens versucht, den Fall außergerichtlich zu regeln. Hierfür wird eine Güteverhandlung angesetzt, in der die Angelegenheit geklärt werden soll. Zur Gerichtsverhandlung kommt es erst, wenn man in der Güteverhandlung nicht zu einer Einigung findet. Vor der mündlichen Hauptverhandlung kann dabei ein schriftliches Vorverfahren stattfinden.

Der Beklagte hat seinerseits die Möglichkeit, sich gegen den Anspruch des Klagenden zur Wehr zu setzen, indem er seine eigenen Ansprüche gegen den Klagenden gegenrechnet. Dies kann entweder vor dem Prozess geschehen (die sogenannte Prozessaufrechnung) und ist dann Teil der laufenden Verhandlung, oder in Form einer Widerklage, die zu einer erneuten Verhandlung mit umgekehrter Rollenverteilung führt.

Im Gegensatz zur Verhandlung im Strafprozess, gibt es im Zivilprozess keinen Staatsanwalt, der sich um die Vertretung der Anklage kümmert. Der Kläger tritt direkt, im Allgemeinen unterstützt durch seinen Anwalt, gegen den Beklagten an. Dabei liegt auch die Beweislast direkt bei Kläger und Beklagten. Beide Parteien bringen Argumente vor, bestimmen die Beweismittel und benennen die Zeugen, die vom Gericht vorgeladen werden sollen. Das Gericht greift nur bei Streitigkeiten ein und entscheidet am Ende auf Basis der von den einzelnen Parteien vorgetragenen Tatsachen. Ist eine Tatsache für die Urteilsfindung von Bedeutung, muss diese im Zweifelsfall bewiesen werden.

Sollte der Beklagte im Verlauf der Verhandlung den Klageanspruch des Klägers anerkennen oder der Kläger die Klage zurücknehmen, so endet die Verhandlung zu diesem Zeitpunkt vorzeitig. Auch wenn sich beide Parteien durch eine beidseitige Erledigungserklärung einigen, endet die Verhandlung ohne Urteil. Tritt keiner dieser Fälle ein, so entscheidet das Gericht und fällt ein Urteil.

Prozesskosten

Ein Gerichtsverfahren kostet Geld. Die Gerichtsverhandlung, die eigenen Anwaltskosten und die Anwaltskosten des Prozessgegners müssen bezahlt werden. Wer diese Kosten bezahlen muss, ist davon abhängig, ob es sich um einen Zivil- oder Strafprozess handelt, ob es zu einer Hauptverhandlung kommt und wer diese gewinnt. Kommt es zu einer außergerichtlichen Einigung, so fallen die Gerichtskosten weg, dafür muss jeder seine eigenen Anwaltskosten zahlen. Kommt es zu einer Gerichtsverhandlung im Strafprozess, so muss der Beklagte im Falle einer Verurteilung alle Kosten tragen. Wird er freigesprochen, übernimmt der Staat alle Kosten, inklusive der Anwaltskosten des Beklagten. Im Zivilprozess hat im Allgemeinen der Verlierer die gesamten Kosten des Verfahrens, inklusive aller Anwaltskosten, zu zahlen. Sollten Sie den Prozess also gewinnen, brauchen Sie theoretisch auch nichts zu bezahlen. In der Praxis sieht das allerdings zum Teil anders aus. Kann es sich Ihr Prozessgegner im Zivilprozess nicht leisten, die Kosten des Verfahrens zu bezahlen, so bleiben Sie zumindest auf den eigenen Anwaltskosten sitzen. Richtig teuer wird es, wenn Sie den Prozess verlieren. Dann zahlen Sie nämlich nicht nur die Kosten für Ihren eigenen Anwalt, sondern auch die Kosten für den Anwalt Ihres Prozessgegners, sowie die Gerichtskosten, die sich nach dem Streitwert (Zivilprozess) oder dem Strafmaß (Strafprozess) und der Instanz des Verfahrens richten. Konkret reden wir hier von Gerichtskosten zwischen 50,- und 15.000,- € in erster Instanz.

In 2. und 3. Instanz steigen diese Kosten, ebenso wie die Anwaltskosten weiter an. Sollte es im Rahmen der Verhandlung zu einer Einigung kommen, können die Kosten gegebenenfalls auf beide Parteien aufgeteilt werden. Zu den Details finden Sie im Internet zahlreiche Seiten mit Prozesskostenrechnern, die Ihnen einen groben Überblick verschaffen können. Auch unter dem Stichwort Schmerzensgeldtabelle können Sie im Internet viele hilfreiche Ergebnisse finden.

Kapitel 3 - Rechtfertigung

„Wenn ich gerade dabei bin, mit einem Hammer nach einem Kind zu schlagen, dürftet ihr mich aus rechtlichen Gesichtspunkten erschießen, um das Kind zu retten. Wenn ich jemand wäre, der ein Kind mit einem Hammer schlägt, wäre ich definitiv ein Arschloch. Wenn Ihr dem Richter sagt, dass Ihr mich erschossen habt, weil ich ein Arschloch bin, ist das schlechte Rechtfertigung. "

Rory Miller

Zum positiven Ausgang eines Gerichtsprozesses nach einer erfolgreichen Notwehr können Sie selbst am meisten beitragen. Neben der richtigen Entscheidung und der erfolgreichen Umsetzung ist es enorm wichtig, diese beiden Punkte auch für jedermann nachvollziehbar begründen zu können. Die beste Notwehrhandlung kann schwerwiegende Folgen haben, wenn Sie nicht in der Lage sind, sich in Wort und Schrift auszudrücken. Dabei geht es vor allem um zwei wichtige Punkte:

1. Die Situation

- Was ist passiert?
- Was haben Sie wahrgenommen?
- Wie haben Sie sich gefühlt?

2. Die Entscheidung

- Was haben Sie getan?
- Warum haben Sie getan, was Sie getan haben?

Wenn Sie glauben, dass Sie als ehrlicher Bürger nur die Wahrheit zu sagen brauchen, um vor Gericht recht zu bekommen, sollten Sie ein paar Dinge bedenken:

- Wenn der Täter häufiger mit dem Gesetz in Konflikt gekommen ist als Sie, ist er vermutlich deutlich geübter darin, vor Gericht zu lügen, als Sie darin sind, vor Gericht die Wahrheit zu sagen.

- Der Täter hat möglicherweise Freunde, die ohne zu zögern für ihn lügen und Sie belasten würden.

- Neutrale Zeugen haben möglicherweise nur einen Ausschnitt der Situation mitbekommen, der Sie in einem ungünstigen Licht erscheinen lässt.

- Neutrale Zeugen erinnern sich vielleicht nicht mehr an alle relevanten Einzelheiten.

Wenn es sich um einen Wiederholungstäter handelt, könnten Sie allerdings Glück haben. Das Gericht wird der Aussage eines bisher unbescholtenen Bürgers, so Sie denn einer sind, eher Glauben schenken, als der Aussage z. B. eines aktenkundigen Schlägers.

In den wenigsten Notwehrsituationen gelingt es dem Opfer sich zu wehren, ohne selbst verletzt zu werden. Daher sollte sich das Opfer nicht nur gründlich von seinem Hausarzt und entsprechenden Fachärzten untersuchen lassen, sondern sich diese Untersuchungen auch in Form eines Attests dokumentieren lassen.

Um im Folgenden darauf einzugehen, wie Sie Ihre Notwehrhandlung am besten begründen, betrachten wir zunächst noch einmal die wichtigsten Punkte aus den vorangegangenen Kapiteln.

Kurzzusammenfassung - Entscheidung

Damit die Entscheidung, eine Notwehrhandlung durchzuführen, gerechtfertigt ist, müssen folgende Punkte erfüllt sein:

- Es liegt eine Notwehrlage vor:

  - Die eigenen Rechtsgüter sind bedroht

  - Der Angriff ist rechtswidrig

  - Der Angriff ist gegenwärtig

- Sie haben die Notwehrlage nicht selbst provoziert

- Der Angreifer ist schuldfähig

- Sie haben keine Duldungspflicht

Kurzzusammenfassung - Umsetzung

Um bei der Umsetzung der Notwehrhandlung im rechtlich erlaubten Rahmen zu bleiben, müssen folgende Punkte erfüllt sein:

- Die Notwehrhandlung muss geboten sein

- Die Notwehrhandlung muss erforderlich sein

Die Notwehrhandlung sollte das mildeste sichere Mittel zur Gegenwehr darstellen.

Allerdings sind dies nur die Fakten und für die meisten Betroffenen ist Notwehr eine sehr emotionale Angelegenheit. Kurz zusammengefasst bedeutet dies für die meisten Menschen:

- Ich wende Gewalt an,
  wenn ich Angst habe.

- Ich wende genug Gewalt an,
  dass die Angst aufhört.

- Ich wende solange Gewalt an,
  bis die Angst aufhört.

Für einen Richter, der vermutlich nie selbst in einer solchen Extremsituation gewesen ist, kann es schwierig sein, die Entscheidung, die für Sie unter der Einwirkung von akutem Stress absolut stimmig war, im Nachhinein rational zu verstehen. Ihre Aufgabe ist es daher, dem Richter ein Bild der Ereignisse zu vermitteln, dass nicht nur die Fakten klar und eindeutig benennt, sondern auch Ihre Gefühle in der Situation mit beschreibt. Dabei geht es darum, eine Geschichte zu erzählen, die so eindrücklich ist, dass sich jeder Zuhörer die Ereignisse so vorstellen kann, als hätte er sie selbst erlebt.

Rationale Notwehr ohne Angst ist sehr selten und kommt normalerweise nur bei Profis vor, die auch im beruflichen Alltag mit körperlicher Gewalt zu tun haben. Wer rational handelt, wird auch weniger Probleme haben, seine Handlungen rational zu erklären. Allerdings sollte dann auch das Ergebnis nach rationalen Maßstäben angemessen sein.

Eine gute Rechtfertigung sollte auf dieser Basis folgende Informationen enthalten:

- Wieso sind Sie der Meinung, dass ein Angriff unmittelbar bevorstand?

- Welche Rechtsgüter waren Ihrer Meinung nach bedroht?

- Wie haben Sie sich angesichts dieser Bedrohung gefühlt?

- Wieso war Ihre Gegenwehr geboten und erforderlich?

- Wieso sind Sie der Meinung, dass Ihre Gegenwehr das mildeste sichere Mittel war?

Wieso sind Sie der Meinung, dass ein Angriff unmittelbar bevorstand?

Damit ein Angriff gegenwärtig ist, muss dieser nicht bereits begonnen haben. Es reicht, wenn der Angriff unmittelbar bevorsteht. Das unmittelbare Bevorstehen eines Angriffs erlaubt nun eine gewisse Auslegung. Sobald der Täter zum Schlag ausholt, hat der Angriff ja bereits begonnen. Ein unmittelbares Bevorstehen kann also bereits vor der ersten Angriffsbewegung vorliegen. Der potenzielle Angreifer offenbart dies durch glaubhafte Androhung oder schlüssiges Handeln.

Ein potenzieller Angreifer, der in einem Streitgespräch plötzlich in die Hosentasche greift und dabei brüllt, „Ich steche dich ab!", offenbart das unmittelbare Bevorstehen eines Angriffs durch glaubhafte Androhung. Absicht, Gelegenheit und möglicherweise auch Mittel sind vorhanden. Auf Grund der kurzen Distanz und der Abruptheit der Situation bleibt kaum Zeit für den Ausschluss anderer Maßnahmen. Eine körperliche Gegenwehr kann hier durchaus begründet werden.

Ein potenzieller Angreifer, der mit gezogenem Messer und wütendem Aufschrei auf sein Opfer zu rennt, offenbart das unmittelbare Bevorstehen eines Angriffs durch schlüssiges Handeln. Absicht, Gelegenheit und Mittel sind vorhanden. Auf Grund der Abruptheit der Situation bleibt nur we-

nig Zeit für den Ausschluss anderer Maßnahmen. Eine körperliche Gegenwehr kann hier durchaus begründet werden.

Bereits in Kapitel 1 haben Sie das AMGA-Schema und die PINs (Vorfall-Voranzeiger) kennengelernt. Zu beschreiben, dass Sie beim Angreifer Absicht, Mittel und Gelegenheit erkannt haben und dies mit PINs belegen können, hilft, um zu erklären, dass Ihr Verdacht, ein Angriff stehe unmittelbar bevor, begründet ist.

Als mich der Fremde ansprach, um nach dem Weg zu fragen, war ich schon halb an ihm vorbei gegangen. Er kam von der Seite auf mich zu und näherte sich bis auf Armlänge. Dieses Verhalten war sehr auffällig. Normalerweise halten Fremde deutlich mehr Abstand und nähern sich, wenn möglich, von vorne. Aus dieser Position hatte er eine hervorragende Gelegenheit für einen überraschenden Angriff. Er hatte eine Hand in der Jackentasche und hielt dort möglicherweise ein Messer versteckt. Mit diesem Mittel wäre ich ein leichtes Opfer für ihn. Als er sich dann schnell nach links und rechts umsah, offenbarte er auch seine Absicht. Er prüfte, ob Zeugen in Sichtweite waren, oder ob er bei dem unmittelbar bevorstehenden Angriff unbeobachtet war.

Welche Rechtsgüter waren Ihrer Meinung nach bedroht?

Das Maß der Bedrohung bestimmt das Maß der gebotenen Gegenwehr. Werde ich von einem Angreifer festgehalten oder von einer Gruppe umzingelt, gilt dies noch nicht als Freiheitsberaubung, da hierfür ein langfristiger Zustand herbeigeführt werden müsste (ein sogenanntes Dauerdelikt). Trotzdem ist ein solcher Umstand von Bedeutung, da er einen unmittelbar bevorstehenden Angriff auf weitere Rechtsgüter anzeigen kann. Die unmittelbar bedrohten und für die Rechtfertigung einer Notwehrhandlung relevanten Rechtsgüter sind in den meisten Fällen Leben, körperliche Unversehrtheit oder Eigentum. In einigen Fällen sind natürlich mehrere Rechtsgüter gleichzeitig bedroht. Ein Straßenräuber, der mit vorgehaltener Waffe droht, sein Opfer zu erstechen, wenn es nicht unverzüglich seine Brieftasche aushändigt, bedroht alle drei gerade aufgeführten Rechtsgüter. Handelt es sich um eine Bedrohung durch einen Sexualstraftäter ist zumindest die Intimsphäre mit bedroht. Bedroht ein potenzieller Vergewaltiger, sein Opfer damit, es zu erstechen, wenn es nicht in seinen Lieferwagen steigt, so sind nicht nur Leben und körperliche Unversehrtheit, sondern zudem auch Intimsphäre und Freiheit in Gefahr. Angriffe gegen die Ehre rechtfertigen im Allgemeinen keine Notwehrhandlung.

Neben den direkten Bedrohungen durch den Täter, kann es in einer Notwehrlage auch zu zusätzlichen Bedrohungen durch die situativ vorliegenden äußeren

Umstände kommen. So ist eine relativ harmlose Rangelei nicht mehr so harmlos, wenn sie auf dem Bürgersteig einer stark befahrenen Straße stattfindet. Und ein Schubsen kann lebensbedrohlich sein, wenn der Geschubste sich gerade am oberen Ende einer langen Treppe befindet. Im Alltag finden sich viele normalerweise eher ungefährliche Orte, die eine körperliche Auseinandersetzung enorm verschärften können:

- stark befahrene Straßen

- Bahnsteigkanten

- Treppen

- Brücken

- Flussufer

- Feuerstellen oder Öfen

- vermüllter Untergrund (Scherben o.ä.)

Aber auch die mögliche Gefährdung von ansonsten Unbeteiligten ist in diesem Zusammenhang erwähnenswert. Passanten, spielende Kinder oder Passagiere in einem öffentlichen Verkehrsmittel können durch Gewalttaten oder Notwehrhandlungen mit bedroht sein.

Benennen Sie in Ihrer Rechtfertigung nach Möglichkeit alle Bedrohungen, die Ihrer Meinung nach von dem Handeln des Aggressors ausgehen.

Der Fahrgast war bereits mittags recht betrunken, als er in den Linienbus stieg. Während der Fahrt verlangte er plötzlich, dass der Busfahrer anhält, um ihn aussteigen zu lassen. Als dieser das verweigerte, begann der Betrunkene auf den Fahrer einzuschlagen. Der Fahrer drohte, die Kontrolle über das Fahrzeug zu verlieren und einen schweren Unfall zu verursachen. Obwohl der Angreifer vermutlich schuldunfähig war, liegen hier gute Gründe für ein schnelles und hartes Eingreifen vor.

Als der verwahrloste Mann mit der blanken Axt in der Hand auf den Kinderspielplatz zusteuerte, schlug ihm der Straßenkehrer Karl L. die Kehrschaufel an den Hinterkopf. Er empfand die Situation ausgesprochen unnormal und wollte kein Risiko für die Kinder eingehen. Er entschloss sich zu handeln, bevor etwas Schlimmes passieren könnte.

Wie haben Sie sich angesichts dieser Bedrohung gefühlt?

Die wenigsten Menschen werden angesichts einer akuten Bedrohung durch einen Gewalttäter einfach ruhig und gelassen bleiben. Dabei ist das Spektrum an Emotionen bei den Betroffenen weit gefächert und kann im Laufe der Situation schnell umschlagen:

- Überraschung

- Unsicherheit

- Verwirrung

- Schrecken

- Hilflosigkeit

- Angst

- Panik

Alle diese Gefühlszustände können das Urteilsvermögen trüben und erschweren eine rationale Einschätzung der Lage. Dabei wird dies nicht unbedingt negativ ausgelegt. Wer aus einem solchen „kraftlosen" (asthenischen) Gefühl heraus handelt, wird eher mit dem Verständnis des Richters rechnen dürfen, als jemand der in dieser Situation zu einem „starken" (sthenischen) Gefühlsausbruch neigt:

- Wut

- Zorn

- Hass

Mit diesen Gefühlen werden Sie wohl weitaus weniger auf Verständnis hoffen dürfen, als mit jenen aus der ersten Liste. Können Sie glaubhaft versichern, dass Sie bei Ihrer Gegenwehr von einem Gefühl aus der ersten Liste betroffen waren, so können Sie selbst dann auf mildernde Umstände hoffen, wenn Ihre Handlung das gebotene Maß der Notwehr überschreitet und Ihnen ein Notwehrexzess unterstellt wird.

Vielleicht befanden Sie sich bereits vor dem Eintreten der Gewaltsituation in einer ungünstigen Gemütsverfassung. In diesem Fall kann es erwähnenswert sein, wie Sie sich zu diesem Zeitpunkt fühlten:

- Müdigkeit

- Erschöpfung

- Niedergeschlagenheit

- Traurigkeit

Ein emotionales Bild Ihrer Befindlichkeit kann dem Richter helfen, sich in Ihre Lage zu versetzen und die menschlichen Aspekte Ihres Handelns zu verstehen.

Vergleichen Sie die folgenden Aussagen:

„Der Angreifer packte mich am Hals und begann zu würgen, also schlug ich ihm fünfmal ins Gesicht."

„Ich war ganz in Gedanken, als ich plötzlich am Hals gepackt und gewürgt wurde. Es passierte alles so schnell, ich bekam keine Luft mehr und hatte Todesangst. Panisch habe ich zugehauen."

Wieso war Ihre Gegenwehr geboten und erforderlich?

Aus den bereits erwähnten bedrohten Rechtsgütern lässt sich direkt ableiten, warum Ihre Gegenwehr sowohl geboten als auch erforderlich war. Sobald Ihre körperliche Unversehrtheit oder Ihr Leben bedroht ist, ist durchaus auch ein hohes Maß an Gegenwehr gerechtfertigt. Im Extremfall kann das bis zur Erforderlichkeit von schwerer Körperverletzung oder gar Todschlag gehen. Angriffe auf die Intimsphäre ohne Bedrohung der körperlichen Unversehrtheit oder des Lebens („Betatschen"), rechtfertigen häufig mindestens den Einsatz von Zwang, zum Teil auch von leichter Körperverletzung.

Wieso sind Sie der Meinung, dass Ihre Gegenwehr das mildeste sichere Mittel war?

Hier gilt es nun glaubhaft und nachvollziehbar zu erklären, warum ein milderes Mittel keine sichere Aussicht auf Erfolg versprochen hat. Wenn der Angreifer nicht der Meinung gewesen wäre, Sie wären ein gutes (leichtes) Opfer, wäre es wohl kaum zu einem Übergriff gekommen. Die Frage ist nun, warum fühlte er sich Ihnen überlegen?

- Der Angreifer war stärker
- Der Angreifer war größer
- Der Angreifer war bewaffnet
- Die Angreifer waren in der Überzahl

Oder gibt es andere Gründe, warum ein milderes Mittel keine sichere Aussicht auf Erfolg bot? War er vielleicht emotional sehr aufgebracht oder sehr entschlossen?

- Der Angreifer wirkte sehr aggressiv
- Der Angreifer wirkte sehr zielstrebig
- Der Angreifer wirkte wütend

Aus allen diesen Umständen könnte man ableiten, dass ein geringeres Maß an Gegenwehr womöglich nicht ausgereicht hätte. Zudem könnte es, je nach Einzelfall, möglich sein, dass der Angreifer durch eine zu schwache Gegenwehr noch ermutigt würde und der Verteidiger seine einzige Chance auf einen wirksamen Überraschungstreffer verspielt hätte.

> *„Der Angreifer war einen guten Kopf größer als ich und drückte meinen Hals zu wie ein Schraubstock. Ich bekam keine Luft mehr und spürte, dass ich in Kürze das Bewusstsein verlieren würde. Ich tastete um mich herum und bekam einen schweren Stein in die Hand, den ich dem Angreifer gegen die Schläfe schlug. Ich bin mir sicher, dass mich dieser Mann getötet hätte, wenn ich nicht so gehandelt hätte.*

Argumentation und Gegenargumentation

Nun mag es so erscheinen, als würde eine einfache Beschreibung der Situation doch ausreichen, um klar zu zeigen, wer der Täter und wer das Opfer ist. Aber selbst in den Situationen, in denen sich nicht beide im Recht glauben, ist es selten so einfach. Das Vorstrafenregister des Angreifers mag zu Ihren Gunsten sprechen, aber nicht immer ist dies der Fall. Und Ihr Gegner wird vor Gericht nicht unbedingt die Wahrheit sagen. Eine gute Lügengeschichte, die von den Freunden des Angreifers bestätigt wird, kann eine schlecht erzählte Wahrheit durchaus in Frage stellen.

Betrachten wir ein paar Beispiele:

Nach einer körperlichen Auseinandersetzung zwischen vier jungen Männern am U-Bahnhof kommt es schließlich zu einer Gerichtsverhandlung. Das vermeintliche Opfer gibt wahrheitsgemäß die folgende Aussage zu Protokoll:

Ich stand so gegen zwei Uhr nachts am Bahnsteig, als ich hinter mir Geräusche hörte. Als ich mich umdrehte. sah ich drei Männer, die auf mich zukamen und mich an die Bahnsteigkante drängten. Ich sah keinen Fluchtweg und fühlte mich bedroht. Als sich einer der Männer kurz zur Seite wendete, stieß ich mit dem Unterarm zu und traf ihn am Kopf. Er taumelte zurück und ich ergriff die Flucht durch die entstehende Lücke.

Die vermeintlichen Täter erzählten sehr fantasievoll eine ganz andere Version der Ereignisse:

Wir kamen gerade von einer Party und wollten mit der Bahn nach Hause fahren. Wir hatten ein bisschen was getrunken und waren guter Laune. Am Bahnsteig haben wir dann diesen Mann stehen gesehen und der sah so traurig und verloren aus, so ganz alleine. Und weil wir grad' so gut drauf waren, dachten wir, wir gehen mal rüber und reden mit ihm, muntern ihn ein bisschen auf und so. Also gehen wir rüber und fragen ihn, wie es ihm so geht und was er so macht, aber er ist ziemlich schroff zu uns. Und als ich mich dann zu meinem Kumpel drehe, um ihm zu sagen, dass unsere Hilfe wohl nicht erwünscht ist, schlägt mir der Kerl total hinterhältig den Arm an den Kopf. Ich habe sofort diese höllischen Schmerzen und bin ganz benommen, als der Kerl schon vom Tatort flüchtet. Euer Ehren, in was für einer Welt leben wir denn, dass man Freundlichkeit und Anteilnahme so belohnt bekommt?

Vergleichen Sie das mit dieser Version der wahrheitsgemäßen Aussage des vermeintlichen Opfers:

Ich stand am Bahnsteig und war schon ziemlich müde. Eigentlich wollte ich nur so schnell wie möglich nach Hause. Als die drei Angreifer hinzukamen, war ich ziemlich überrascht, um diese Uhrzeit noch andere Leute auf dem Bahnsteig zu hören und drehte mich zu ihnen um. Sie stellten sofort ihr Gespräch ein, offensichtlich als Reaktion auf meinen Anblick. Das kam mir etwas ungewöhnlich vor, schließlich kannten wir uns nicht und ich beachtete sie zu diesem Zeitpunkt gar nicht weiter. Als sie sich dann jedoch ohne ein weiteres Wort zu wechseln aufteilten, wurde ich langsam unsicher. Das ist ja schließlich kein normales Verhalten und da sich die Männer nicht mal absprechen mussten, musste ich annehmen, dass sie das, was sie jetzt vorhatten, schon öfter so gemacht hatten. Richtig Angst bekam ich dann, als sie mich einkreisten. Um Hilfe zu rufen, hatte keinen Zweck, da der Bahnsteig, von uns abgesehen, verlassen war. Mit den offenen Hemden konnte ich nicht abschätzen, ob sie nicht vielleicht auch versteckte Waffen trugen. Außerdem hatte ich die Bahnsteigkante hinter mir und konnte nicht zurückweichen. Jeden Augenblick würde zudem der

Zug einfahren und die Situation noch gefährlicher machen. Selbst ein kleiner Schubs könnte in dieser Lage tödliche Folgen für mich haben. Einer der drei sprach mich an. Er klang provozierend, fast aggressiv. Ich versuchte ihn zu beschwichtigen, hatte aber keinen Erfolg. Vor Angst bekam ich weiche Knie und ich befürchte meine Stimme wurde etwas zitterig. Ich bin mir sicher, dass ich schweren körperlichen Schaden davongetragen hätte, wenn ich gewartet hätte, bis mich die Männer angreifen, schließlich waren sie zu dritt. Als der Sprecher kurz zu seinem Begleiter blickte, als ob er sich vor dem Angriff ein letztes Mal rückversichern wollte, nutzte ich die einzige Gelegenheit, die ich sah, um dieser Situation unversehrt zu entkommen. Ich hob die Arme, um meinen Kopf zu schützen, und stieß vor, um den schmächtigsten der drei zu rammen. Mein Ziel war, ihn soweit zu überraschen, dass er kurz geschockt war, und ich Zeit zum Fliehen bekam. Zudem wollte ich ihn dadurch etwas zurückdrängen, um mir eine Lücke zur Flucht zu schaffen. Ich hatte Glück und mein Vorhaben gelang. Panisch rannte ich so schnell ich konnte. Ob die drei mich verfolgten, kann ich nicht sagen. Diese drei Männer hatten offensichtlich die Absicht, mir zu schaden, und da Sie in der Überzahl waren, wären sie mit Sicherheit dazu in der Lage gewesen. So wie sie mich eingekreist hatten, hätten sie ihr Vorhaben auch ohne weiteres durchführen können. Da mir die Männer jeglichen Fluchtweg abgeschnitten hatten und ich nicht viel

Zeit hatte, mir etwas anderes zu überlegen, war
ich gezwungen, mich zu verteidigen. Ich bin mir
absolut sicher, dass ich das mildeste sichere Mittel
zur Verteidigung gewählt habe und schwer verletzt
worden wäre, wenn ich anders gehandelt hätte.

Nach einem Vorfall zwischen einer jungen Frau und einem jungen Mann auf einer Autobahnraststätte kommt es schließlich zu einer Gerichtsverhandlung. Das vermeintliche Opfer gibt wahrheitsgemäß die folgende Aussage zu Protokoll:

Es war zwischen elf und halb zwölf nachts, als ich
von hinten ein ungewöhnliches Fahrgeräusch be-
merkte. Ich hielt auf dem nächsten Rastplatz, um
zu schauen, ob irgendwas mit den Hinterreifen
nicht stimmt. Der Platz war leer, nur ein einziges
anderes Auto kam gerade an, aber da stieg nie-
mand aus. Ich holte meine Stabtaschenlampe aus
dem Kofferraum und versuchte in die Radkästen
zu leuchten, als plötzlich ein Mann hinter mir
stand und fragte, ob ich Hilfe brauche. Als er sich
dann zu mir runterbeugte, habe ich ihm mit der Ta-
schenlange an den Kopf geschlagen. Er fiel sofort
um und ich stieg schnell ein und fuhr weg.

Betrachten wir die Aussage des vermeintlichen Täters:

Ich fuhr so gegen kurz nach elf auf der Autobahn, als das Fahrzeug vor mir plötzlich auf den Rastplatz ausscherte. Ich dachte, wenn da jemand Probleme hat, ist er um diese Zeit ziemlich verloren, so weit draußen. Ich fuhr also hinterher, um zu sehen, ob irgendwer Hilfe braucht. Ich parkte und wartete erstmal ab, aber als die junge Frau dann ausstieg und so hilflos unter ihren Wagen schaute, dachte ich, ich frage mal freundlich, ob ich behilflich sein kann. Ich stieg also aus und ging rüber. Die Frau hockte gerade und leuchtete in den Radkasten. Ich sprach sie an und wollte ihr die Hand geben, um ihr hoch zu helfen, da holte sie mit ihrer Taschenlampe aus und schlug sie mir ins Gesicht. Ich glaube, ich verlor sofort das Bewusstsein. Als ich wieder zu mir kam, hatte ich starke Kopfschmerzen und blutete am Hinterkopf und an der Schläfe. Die Frau war abgehauen, ohne Erste Hilfe zu leisten. Ich hatte Glück, dass ich mir dort nicht den Schädel gebrochen habe oder verblutet bin. So wird einem heutzutage Hilfsbereitschaft gedankt.

Vergleichen Sie das mit dieser Version der wahrheitsgemäßen Aussage des vermeintlichen Opfers:

Es war zwischen elf und halb zwölf nachts, als ich von hinten ein ungewöhnliches Fahrgeräusch bemerkte. Ich hielt auf dem nächsten Rastplatz, um zu schauen, ob irgendwas mit den Hinterreifen nicht stimmt. Der Parkplatz war zu dieser Zeit total verlassen, aber hinter mir fuhr ein weiteres Fahrzeug ab und parkte direkt neben mir. Das fand ich schon etwas ungewöhnlich, weil ja der gesamte Parkplatz frei war. Warum sollte ein Fremder so dicht neben mir parken? Der andere Fahrer blieb im Wagen sitzen und schien zu warten. Ich stieg dann aus und holte meine Stabtaschenlampe aus dem Kofferraum, um einmal in die Radkästen zu leuchten. Ich hörte dann, wie der Fahrer des anderen Wagens ausstieg und den Kofferraum öffnete. Hätte er weiter weg geparkt, hätte ich mir nichts dabei gedacht, aber so wurde mir ziemlich mulmig dabei. Als der Mann dann plötzlich viel zu dicht hinter mir stand und mich mit so einem anzüglichen Grinsen fragte, ob er mir helfen kann, bekam ich richtig Panik. Der Kerl sah ziemlich kräftig aus und wenn er mich jetzt packen und in seinen Kofferraum werfen würde, hätte ich wahrscheinlich keine Chance, lebend wieder aus dieser Sache rauszukommen. Dann beugte er sich runter, um nach mir zu greifen. So hilft man niemandem auf die Beine, das würde man mit einer Hand machen, aber er versuchte mit beiden Händen zuzugreifen und mich festzuhalten. In Todesangst schlug ich mit der Taschenlampe zu und erwischte ihn wohl irgendwo am Kopf. Er fiel zu Boden und regte sich nicht mehr. Ich leuchtete ihn aus sicherer Entfernung mit der Taschenlampe an und sah, dass er

noch atmete. Dann stieg ich in mein Auto und be-
tätigte erstmal die Zentralverriegelung.

Ich hoffe es wird deutlich, dass es nicht nur wichtig ist, was sie vor Gericht erzählen, sondern auch, wie Sie es erzählen. Dabei geht es nicht darum, die Wahrheit zu verfälschen oder auszuschmücken, sondern die Details in den richtigen Kontext zu setzen und emotional zu verknüpfen. Erst eine gute Rechtfertigung macht aus einer guten Entscheidung und einer guten Umsetzung eine straffreie Notwehr.

Schlusswort

Auch, wenn in diesem Buch viele rechtliche Begriffe und Abläufe beschrieben wurden, geht es bei der ganzheitlich erfolgreichen Notwehr nicht an erster Stelle um die Kenntnisse der rechtlichen Details. Es geht vor allem Anderen um die drei Schritte, die bei diesem Werk namensgebend sind: Entscheidung, Umsetzung und Rechtfertigung.

Für eine rechtssichere Entscheidung und eine nachvollziehbare Rechtfertigung ist ein gewisses rechtliches Grundwissen durchaus von Nutzen, doch in den meisten Fällen gilt: moralische Menschen treffen auch moralische Entscheidungen. Im Weiteren ist vor allem wichtig, diese Entscheidungen korrekt umzusetzen und zu erklären. Die Umsetzung von Notwehrhandlungen bildet in den meisten selbstverteidigungsbezogenen Trainingssystemen einen Schwerpunkt, der regelmäßig geübt wird. Wer allerdings trainiert, sich körperlich zur Wehr zu setzen, ohne das Notwehrrecht im Blick zu behalten, steht im Ernstfall häufig schon mit einem Bein im Gefängnis. Wer sich mit dem Thema Notwehr beschäftigt, vor allem, wenn er Kampfkunst, Kampfsport oder Combatives betreibt, sollte sich nicht nur der trockenen Theorie widmen, sondern aktiv üben, situativ die richtige Entscheidung zu treffen und dies vor allem verbal zu begründen.

Das Internet ist voll von Videos, die tatsächliche oder angenommene Selbstverteidigungssituationen zeigen. Suchen Sie sich eins heraus, losen Sie sich und einen Übungspartner jeweils eine der beiden Parteien zu und argumentieren Sie miteinander. Seien Sie kreativ und haben Sie Spaß dabei!

Sie möchten mich für ein Seminar buchen?
Kontaktieren Sie mich über
www. selbstschutztraining-hutter.de

Danksagung

An der Entstehung eines Buches können erstaunlich viele Menschen beteiligt sein. Menschen, die dem Autor mit Anregungen und Ideen zur Seite stehen, und Menschen, die konstruktive, ehrliche Kritik äußern. Mein Dank gilt an erster Stelle meiner Frau Anna, die nicht nur mein kritischster Leser ist, sondern mir auch die nötige Zeit verschafft hat, dieses Buch überhaupt zu vollenden. An zweiter Stelle gilt mein Dank Rory Miller, dessen Lehren die Grundidee zu diesem Buch lieferten und dessen Ideen und Äußerungen in diesem Buch wohl allgegenwärtig sind. Und zu guter Letzt gilt mein Dank meinen Kollegen und Freunden Thomas, Matthias und Kathrin, sowie Michael Diehl von Diehl Training, die sich die Zeit genommen und die Mühe gemacht haben, dieses Werk vor der Veröffentlichung ebenfalls zu lesen und, wo nötig, zu kritisieren.

Glossar

Angriff

Von einem Menschen drohende Verletzung rechtlich geschützter Interessen (Rechtsgüter). Muss als Voraussetzung für Notwehr vorliegen.

BGB

Das Bürgerliche Gesetzbuch regelt die Rechtsbeziehungen zwischen Privatpersonen.

Erforderlichkeit

Eine Notwehrhandlung ist dann erforderlich, wenn es keine mildere Maßnahme gibt, die denselben Erfolg mit gleicher Sicherheit erzielt.

Gebotenheit

Die Gebotenheit bestimmt, ob eine Notwehrhandlung angemessen und zumutbar ist. Dazu erfolgt die Abwägung zwischen den betroffenen Rechtsgütern.

Gegenwärtigkeit

Die Gegenwärtigkeit beschreibt die zeitliche und räumliche Anwesenheit eines Angriffs. Zeitlich anwesend ist ein Angriff vom Augenblick seines unmittelbaren Bevorstehens bis zu seinem vollständigen Abschluss.

Nothilfe

Die Nothilfe ist eine Notwehrhandlung, bei der der Notwehr Ausübende nicht der Angegriffene sondern ein helfender Dritter ist.

Notwehr

Die Notwehr ist ein sogenannter Rechtfertigungsgrund. Die Bedingungen dafür sind rechtlich genau festgelegt. Notwehr ist in drei Gesetzbüchern wortgleich geregelt: § 32 des StGB, § 227 des BGB und § 15 des OWiG (Ordnungswidrigkeitengesetz)

Notwehrexzess

Der Notwehrexzess beschreibt eine Notwehrhandlung, die die Erforderlichkeit überschreitet.

Putativnotwehr

Die Verteidigung gegen einen vom Handelnden irrtümlich angenommenen, in Wirklichkeit gar nicht bestehenden gegenwärtigen rechtswidrigen Angriff.

Rechtsgut

Ein Rechtsgut ist ein materieller oder immaterieller Besitz, der von der Rechtsordnung geschützt wird (z.B. Leben, Gesundheit, Freiheit).

Rechtsnorm

Eine Rechtsnorm beschreibt eine allgemein gültige Regelung. Dazu gehören z.B. Bestimmungen aus der Verfassung und den einzelnen Gesetzbüchern.

Rechtswidrigkeit

Die Rechtswidrigkeit liegt vor, wenn eine Handlung im Widerspruch zur Rechtsordnung steht, ohne dass Rechtfertigungsgründe vorliegen.

Schuldfähigkeit

Die Schuldfähigkeit bezeichnet das Mindestmaß an Selbstbestimmung, das vom Gesetz für die strafrechtliche Verantwortlichkeit verlangt wird.

Schutzwehr

Die Schutzwehr beschreibt eine defensive Verteidigung (z.B. Ausweichen oder Flucht)

Selbstverteidigung

Die Selbstverteidigung beschreibt eine Handlung zur Abwehr von Angriffen. Erfüllt der Angriff die im Notwehrparagrafen beschriebenen Bedingungen, so entspricht die Selbstverteidigung auch der Notwehr.

StGB

Das Strafgesetzbuch regelt die strafbaren Handlungsweisen und die jeweils zu verhängenden Strafen.

Strafantrag

Mit dem Strafantrag beantragt ein Geschädigter bei der Polizei, einem Gericht oder dem Staatsanwalt die strafrechtliche Verfolgung eines an ihm begangenen Delikts.

Strafanzeige

Die Strafanzeige bezeichnet die reine Mitteilung eines Bürgers gegenüber der Polizei, einem Gericht oder dem Staatsanwalt über den Verdacht, dass eine Straftat begangen wurde.

Strafbarkeit

Die Strafbarkeit beschreibt die Eigenschaft einer Handlung, Gegenstand einer strafrechtlichen Sanktion sein zu können, d. h. bestraft werden zu können.

Strafprozess

Der Strafprozess dient der Verhängung von Strafen aufgrund von Straftaten und wird von Staatsanwaltschaften und Strafgerichten durchgeführt.

Zivilprozess

Der Zivilprozess ist das Verfahren zur Schlichtung bürgerlicher Rechtsstreitigkeiten.

Trutzwehr

Die Trutzwehr beschreibt eine aktive Verteidigung (z.B. Gegenangriff)

Unterlassene Hilfeleistung

Wer bei Unglücksfällen, die Menschen oder Sachen zustoßen, sowie bei gemeiner Gefahr oder Not nicht nach seinen persönlichen Fähigkeiten im zumutbaren Rahmen Hilfe leistet, den erwartet eine Freiheitsstrafe bis zu einem Jahr oder eine Geldstrafe.

Quellenverzeichnis

Bundesministerium der Justiz
und für Verbraucherschutz

>   http://www.gesetze-im-internet.de

Cathagne, Fabien (2013)

>   Notwehrrecht in der Praxis:
>   Handbuch für Kampfkünstler
>   CreateSpace Independent Publishing Plat-
form

Gerhard Köbler (2018)

>   Juristisches Wörterbuch
>   Vahlen Verlag

Miller, Rory / Kane, Lawrence A. (2012)

>   Scaling Force - dynamic decision-making
>   under threat of violence
>   YMAA Publication Center

Miller, Rory

>   http://chirontraining.blogspot.com